DIE PERFEKTE BEWERBUNG

Lerne alles Wichtige rund um das Anfertigen eines perfekten Anschreibens und Lebenslaufs

Inhaltsverzeichnis

Einleitung 1
   Warum ist eine gute Bewerbung wichtig? 3
   Zeig mir deine Bewerbung und ich sage dir, wer du bist 5
   Wie erleben Bewerber den Bewerbungsprozess? 8
   Gefühle sind in der Luft – aber auch beidseitig? 11
   Warum dauert der Bewerbungsprozess so lange? 13
   Worauf kommt es eigentlich ganz grundsätzlich an? 17
   Bewerbung erstellen – aber wie?! 19
   Bewerbung abschicken – wie genau? 22
      Bewerbung per Post 23
      Bewerbung per E-Mail 24
      Bewerbungen über Internetportale 24
      One-Click-Bewerbungen 25
      Und was denken die Arbeitgeber? 26
   Was lerne ich in diesem Bewerbungsratgeber? 30

Vorbereitung 32
   Selbstanalyse und Selbsteinschätzung 33
      Schritt 1: Welches Berufsfeld kommt für mich infrage? 33
      Schritt 2: Wo liegen meine persönlichen Interessen und wie lassen sie sich mit einem Beruf vereinbaren? 34
      Schritt 3: Wo liegen meine Stärken und meine Schwächen? 37
   Einen roten Faden zu entwickeln muss auch gekonnt sein! 41
   Wahl des Designs und des Tools für die Erstellung einer Bewerbung 43
      Word-Vorlagen 44
      Xing-Vorlagen 45
      Andere Tools 46

- Bewerbungsmappe zusammenstellen – einfach getan!..................47
  - Klemmhefter..................50
  - Mappe aus Karton..................51
- Bewerbungsfoto – say cheese!..................52
  - Kleidung..................54
  - Frisur..................55
  - Bildausschnitt und Bildformat..................55
  - Make-up und Schmuck..................56
  - Mimik..................57
  - Farbe..................58

Anfertigung..................60
- Deckblatt..................60
- Lebenslauf..................61
  - Bewerbungsfoto..................62
  - Kontaktdaten und persönliche Daten..................63
  - Unterschrift..................65
- Inhaltliche Aspekte..................68
  - Ausbildung..................69
  - Berufserfahrung..................70
  - Fortbildungen..................71
  - Besondere Kenntnisse..................72
  - Hobbys..................74
  - Lügen im Lebenslauf..................74
- **Anschreiben**..................76
  - Persönliche Angaben im Briefkopf..................78
  - Betreffzeile..................79
  - Grußformel und Unterschrift..................83
  - Formatierung und allgemeine Struktur..................83

- Sprache 84
- Einleitung 85
- Hauptteil 91
- Unternehmensbezug 95
- Schlussteil 97
- Gehaltsvorstellungen 101
- Motivationsschreiben 103

Erstellung und Überprüfung aller Unterlagen 107
- Typische Fehler auf einen Blick: Lebenslauf 107
- Typische Fehler auf einen Blick: Anschreiben 109
- Korrekturlesen nicht vergessen! 111
- Fiese Fragen, die Personalbearbeiter gerne stellen 115
- Allgemeine Erscheinung beim Bewerbungsgespräch 117

Fazit 119

Empfehlungen 122

Haftungsausschluss 123

Impressum 124

Einleitung

Im Laufe unseres Lebens durchlaufen wir viele Etappen – Schule, Studium, Ausbildung, Jobs und Nebenjobs. Die Muster wiederholen sich und früher oder später wird eins klar: die Kompetenz, Bewerbungen zu erstellen, wird zu einer entscheidenden. Denn der Personalbearbeiter, der sich deine Bewerbung anschaut, kann dich nicht persönlich einschätzen. Somit sind die Kommunikationsmerkmale, die man ansonsten zu seinen Gunsten nutzen kann, nicht verfügbar. Wie soll man mit einem selbstbewussten Auftreten, einem gepflegten Aussehen oder einer elaborierten Rhetorik überzeugen, wenn dein Gegenüber dich nicht sehen kann?

Eine Bewerbung ist sozusagen der Schlüssel, das Medium, das deine Persönlichkeit dem Personalbearbeiter näherbringt und einen ersten Eindruck ermöglicht. Der Unterschied besteht darin, dass persönliche Kommunikation von Angesicht zu Angesicht aus verbaler und nonverbaler Kommunikation besteht. Bei einer Bewerbung beschränkt sich diese allerdings nur auf die verbale Kommunikationssituation. Aber was bedeutet dieser Unterschied eigentlich?

Der Text muss mehr Informationen transportieren als sonst, denn er muss die Persönlichkeit des Schreibers einfangen. Er kann charismatisch, sehr nüchtern und sachlich oder kreativ geschrieben werden. Das Wichtigste ist, dass die Bewerbung repräsentativ ist und den Personalbearbeiter von deiner Kandidatur überzeugen kann. Dazu gehört aber nicht nur der Inhalt des Textes, sondern auch die darstellerische Aufmachung. Man kann nämlich allein durch die Optik die Chancen gravierend erhöhen oder verringern. Somit ist die Bedeutung einer gut und authentisch gemachten Bewerbung einleuchtend und ersichtlich.

Überraschenderweise wissen viele Menschen dennoch nicht, wie man eine gute Bewerbung schreibt. Die Verunsicherung ist durchaus berechtigt, denn woher soll man wissen, wie die Person am anderen Ende der Bewerbung tickt? Wenn wir eine Bewerbung schreiben, treffen wir eine Entscheidung unter Unsicherheit. Somit ist es wichtig, herauszufinden, welche Richtlinien und Präferenzen zielführend und hilfreich sind.

In der Tat ist diese Einschätzung gar nicht so komplex: Wie so häufig im Leben gibt es auch da gewisse Regeln und Trends. Wenn man sie kennt, kann man sehr einfach und mit relativ wenig Aufwand eine solide Bewerbung erstellen, die zum Erfolg führen kann. Wichtig ist es, sich über die entsprechenden Trends zu informieren und immer auf dem Laufenden zu bleiben. In diesem Buch erfährst du die wichtigsten Basics, die dir dabei helfen, eine Orientierung zu finden und den Bewerbungsprozess optimal zu gestalten.

Es gibt zahlreiche Plattformen und Unternehmen, die anbieten, eine Bewerbung für dich zu erstellen. Solche Dienstleister können den Prozess erleichtern, aber meistens ist es eine bessere Idee, eigene Kompetenzen zu entwickeln. Um das zu verstehen, sollte man sich noch mal in Erinnerung rufen, was eine "Bewerbung" überhaupt bedeutet. Eine Bewerbung zu schreiben, bedeutet im Grunde genommen, für sich Werbung zu machen, sich für den potentiellen Arbeitgeber attraktiv zu machen. Und wer kann das besser wissen als du selbst?

Zudem ist es wichtig, dass deine Bewerbung nicht nur gut geschrieben und aussagekräftig, sondern auch authentisch ist. Man kennt das ja noch aus der Schule – am Abend davor hat man eine hübsche Hausaufgabe mit einem Elternteil erledigt. Sie ist vorbildlich und schön geschrieben, alles ist richtig ausgefüllt und der Text strotzt nur so vor Fachausdrücken. Man präsentiert sie anschließend dem Lehrer und hoppla – totaler Reinfall: "Hat deine Mama die Hausaufgaben für dich erledigt?"

Mit einer heuchlerischen Bewerbung kommt man höchstens bis zum Bewerbungsgespräch, aber nicht viel weiter. Man kann seinen Schreibstil fälschen oder fälschen lassen, man kann das Foto mit Photoshop bearbeiten und den ausgebesserten Inhalt mit einem wunderbaren Layout unterstreichen. Wenn das alles aber während des Gesprächs nicht zu dir passt und der Arbeitgeber das merkt, steckst du in der Klemme. Was nützt es, die Bewerbung einer erfundenen und perfektionierten Person einzusenden, wenn du es nicht bist?

In diesem Bewerbungsratgeber lernst du, wie du alle wichtigen Komponenten miteinander verbindest. Zwar ist das Formale auch wichtig, denn schließlich ist eine Bewerbung ein Dokument und sollte auch dokumentenecht sein. Aber es ist auch wichtig, dass der Inhalt während des darauffolgenden Gesprächs unterstrichen und nicht durchgestrichen wird.

Dieses Buch zeigt dir, wie das Schreiben von Bewerbungen nicht zu deinem Hobby und deiner Freizeitbeschäftigung wird, sondern effizient und effektiv gestaltet werden kann. Schritt für Schritt findest du heraus, wie du mit System und Struktur in wenigen Schritten zu einer individuellen und aussagekräftigen Bewerbung kommst – ganz ohne überteuerte Dienstleister.

Warum ist eine gute Bewerbung wichtig?

Man muss es sich folgendermaßen vorstellen: Auf eine Stelle, auf die du dich im Unternehmen bewirbst, bewerben sich auch andere Menschen. Aber wie viele eigentlich? Es macht doch letzten Endes einen Unterschied, ob auf eine Stelle 20, 50 oder 1500 Bewerber kommen.

Es ist schwierig, verlässliche Daten zu bekommen, und auch hier gilt die Regel: Vertraue keiner Statistik, die du nicht selbst gefälscht hast! Aber nichtsdestotrotz geht man beispielsweise davon aus, dass auf eine Pressestelle bei einer beliebten Institution mit einer hohen Reichweite ungefähr 3000 Bewerber auf einen Platz kommen. Das bedeutet, dass die Wahrscheinlichkeit, dass man die Stelle bekommt, eins zu 3000 ist.

Im Schnitt wird nur 1 % aller Bewerber eingeladen; vor allen Dingen in städtischen Gegenden und Großstädten ist der Kampf um eine begehrte Arbeitsstelle besonders hart. So kommt es häufig dazu, dass man über 100 Bewerbungen schreiben muss, um am Ende eine ca. 10%-Chance zu haben, eingeladen zu werden. Nach der Einladung wird noch mal gefiltert, weswegen die Chance entsprechend sinkt.

Es gibt auch Stellen, bei denen der Einstellungsprozess einfacher vonstattengeht. Wenn du dich z.B. für eine Kellnerstelle bewirbst, dann ist die Konkurrenz deutlich geringer. Spannend wird es bei Stellen, die nach einer abgeschlossenen Ausbildung oder einem absolvierten Studium interessant werden.

Die Wichtigkeit einer guten Bewerbung wird somit selbsterklärend: Die Bewerbung repräsentiert uns auf dem Tisch des Personalbearbeiters. Es ist unmöglich, dass dieser sich alle 100, 1000 oder 3000 Bewerbungen vollständig durchliest. Normalerweise wird erst mal optisch sortiert: alles, was wenig ansprechend, lieblos oder fehlerhaft aussieht, landet ohne weitere Expertise im Schredder.

Was beinhaltet aber eine gute Bewerbung? Man sollte darauf achten, dass sie den Eindruck vermittelt, den man grundsätzlich persönlich auch hinterlassen möchte. Würdest du zu einem Bewerbungsgespräch eine zerknitterte Jogginghose anziehen? Wenn nicht, dann solltest du für deine Bewerbung keine zerknitterte alte Mappe aus der Grundschule verwenden. Es kommt häufig auf Oberflächlichkeiten an, die darüber entscheiden, ob die Bewerbung überhaupt weiter in Betracht kommt.

Die Bewerbung als deine Visitenkarte ist aber nicht der einzige Grund, warum sie wichtig ist. Der Inhalt und die Formulierung deiner Kompetenzen entscheiden darüber, ob du für die Stelle geeignet bist. Häufig ergibt sich eine so hohe Bewerberanzahl aus der Tatsache, dass sich viel mehr Menschen mit der Anzeige identifizieren, als wirklich zu ihr passen. So werden schon ziemlich viele aufgrund der Tatsache aussortiert, dass ihre Qualifikation nicht für die Stelle geeignet ist. Wenn ausgeschrieben ist, dass eine abgeschlossene akademische Laufbahn und praktische Erfahrung benötigt werden, ist man mit einem Bachelor nicht geeignet und wird auch nicht eingeladen. Das ist auch nicht so dramatisch, denn Bewerbungen implizieren bis zu einem gewissen Grad ein Selbstselektionsverfahren. Dramatischer wird es, wenn man für die Stelle geeignet ist, aber die entsprechenden Informationen unpassend oder undeutlich kommuniziert.

Zeig mir deine Bewerbung und ich sage dir, wer du bist

In unserer Region, und auch tendenziell weltweit, sind Bewerbungen individuell und personengebunden. Das bedeutet, dass alle Merkmale, die zu einer Person gehören, auf irgendeine Art und Weise im Bewerbungsprozess entscheidend sind. Sei es das Geschlecht, die Nationalität oder die optische Wirkung des Bewerbungsfotos: Wir bewerben uns nicht anonym und sind daher unseren Merkmalen "ausgeliefert".

Das kann nun etwas Gutes oder Schlechtes bedeuten. Einerseits kann man mit der optischen Wirkung und speziellen Angaben an der Bewerbung schrauben und sie damit für den Personalbearbeiter attraktiv machen. Andererseits gibt es Faktoren, die erwiesenermaßen zu Misserfolgen führen können.

In den letzten paar Jahren wurden Studien zum Einfluss von Geschlecht und Nationalität auf die Chancengleichheit im Bewerbungsprozess untersucht. Frauen und Migranten schneiden schlechter ab als Männer oder Einheimische. Warum ist das eigentlich so?

Die Begründungen sind unterschiedlich: Eine Frau könnte ein Kind bekommen und ginge dann recht bald in Mutterschutz, ein Ausländer kann schlechter Deutsch oder eine Person mit einem ausländischen Namen ist sehr wahrscheinlich ein Ausländer. Im Grunde genommen handelt es sich um Vorurteile und Statistiken, die herangezogen werden, um die Entscheidungen zu begründen und zu beschleunigen.

Statistiken können uns tatsächlich dabei helfen, eine Orientierung in den modernen Zeiten von Big Data zu finden. Aber sie sind kein Orakel und sind daher bei Weitem nicht so verlässlich, wie viele annehmen.

Im Rahmen eines Experimentes wurde mit großen Unternehmen der Versuch durchgeführt, das Bewerbungsverfahren zu anonymisieren. Das bedeutet, dass der Name, die Herkunft und das Geschlecht nicht angegeben wurden, wie es in klassischen Bewerbungen der Fall ist. Es ging also hauptsächlich um Kompetenz, Qualitäten und die individuelle Laufbahn, ganz ohne Vorurteile. Dabei wurden die Bewerbungen auf alle möglichen Arten und Weisen anonymisiert aufgenommen, ob per E-Mail, durch das Bewerbungsportal oder per

Post. Als es schon um die unmittelbare Einstellung ging, wurden konkrete persönliche Details, die bis dahin verdeckt gehalten wurden, aufgedeckt.

Die Ergebnisse fielen aus wie vermutet: Frauen, vor allen Dingen junge Frauen, haben überdurchschnittlich häufig eine Stelle bekommen, da die Möglichkeit eines Kinderwunsches nicht berücksichtigt wurde. Auch Bewerber, die ansonsten eher wenig Chancen gehabt hätten, wurden eingeladen und am Ende auch eingestellt. Die meisten Personalbearbeiter hatten kein Problem damit, auf die üblichen Angaben zu verzichten und gaben an, dass die Entscheidung ganz anders zustande gekommen ist.

Ähnliche Ergebnisse hat eine andere Forschergruppe herausgefunden. Es wurden zwei identische Bewerbungen erstellt, in denen hervorragende Qualifikationen und Leistungen dargestellt wurden. Anschließend wurden zwei Namen, ein eindeutig türkischer und ein deutscher, den beiden Bewerbungsvorlagen per Zufallsprinzip zugeteilt. Das Ergebnis passt zu den Ergebnissen des ersten Experimentes: Deutsch klingende Namen bekommen im Schnitt 14 % mehr positive Rückmeldungen bei der Einstellung als ausländische bzw. türkisch anmutende Namen. Bei kleineren Unternehmen waren die Chancen von deutschstämmigen Bewerbern sogar um 24 % höher gegenüber türkisch klingenden Namen. Bei den Einladungen zum persönlichen Bewerbungsgespräch werden in der Hälfte aller Fälle eher Deutschstämmige eingeladen.

Zwar ist das anonymisierte Bewerbungsverfahren in Deutschland noch Neuland und wird so gut wie gar nicht eingesetzt, aber dennoch können wir einiges daraus lernen. Es wird klar, dass unsere Eigenschaften häufig noch vor unseren Kompetenzen zu Wort kommen. Wenn man diese Erkenntnis berücksichtigt, wird daher tendenziell empfohlen, die Staatsbürgerschaft wegzulassen.

Auch wenn die Diskriminierung nach dem Namen nicht fair ist, kann man als Einzelperson nichts daran ändern. Wenn man das Gefühl hat, dass man durch seinen Namen im Nachteil ist, sollte man versuchen, diesen Nachteil zu kompensieren. Lass die Staatsbürgerschaft weg, setze den Akzent auf die Praktika, Projekte und Kurse, die du bisher absolviert hast. Manchmal ist es hilfreich, ein Praktikum im entsprechenden Unternehmen zu absolvieren und sich anschließend auf dieses Praktikum zu berufen. So hat man einen Anschlusswert und der Personalbearbeiter lenkt seinen Blick auf die Details, die wirklich entscheidend sind.

Quellen:

https://karriereblog.svenja-hofert.de/2014/09/03-prozent-wie-unwahrscheinlich-einladungen-auf-vorstellungsgespraeche-wirklich-sind-und-an-welchen-schrauben-sie-drehen-koennen/

http://www.spiegel.de/karriere/anonyme-bewerbungen-als-chance-fuer-alle-a-828001.html

https://www.softgarden.de/studien/

https://www.sueddeutsche.de/karriere/studie-zu-bewerbungen-was-arbeitgeber-ueber-mehmets-denken-1.4002639

http://www.spiegel.de/lebenundlernen/job/bewerber-diskriminierung-tobias-wirft-serkan-aus-dem-rennen-a-676649.html

https://www.zeit.de/arbeit/2017-09/anonyme-bewerbung-unternehmen-diversity-gleichberechtigung

Wie erleben Bewerber den Bewerbungsprozess?

Zum Bewerbungsprozess gehört nicht nur das Schreiben einer Bewerbung, sondern auch der gesamte Bewerbungsprozess, der die Vorbereitung, die Einladung zum Gespräch und die anschließende

Phase des Wartens auf die Rückmeldung einschließt. Damit sind viele Erwartungen, Hoffnungen und Emotionen verbunden, die nicht zu unterschätzen sind. Es reicht nicht, einfach eine schöne Bewerbung zurechtzulegen, sondern auch die psychologischen Aspekte müssen stimmen.

Im Rahmen einer Studie wurden rund 4000 Teilnehmer befragt. Das durchschnittliche Alter lag bei ca. 34 Jahren und knapp 40 % der Befragten hatten praktische Berufserfahrungen; dabei waren Männer und Frauen auf ein Verhältnis von quasi 50/50 aufgeteilt.

Die Statistik ergibt in der Tat recht positive Ergebnisse: Fast alle Teilnehmer sagen, dass sie quasi jede Bewerbung als Chance sehen, knapp 80 % berichten von positiven Erfahrungen im Bewerbungsprozess und verbinden damit überwiegend positive Emotionen. Daraus folgt aber nicht, dass der Bewerbungsprozess mit guter Laune und Spaß verbunden ist. Eine Minderheit fühlt sich dabei gut gelaunt. Es handelt sich also vielmehr um Motivation und das Prinzip "Hoffnung", wenn es um positive Erfahrungen im Bewerbungsprozess geht.

Was man anhand der Studie feststellen kann, ist der damit verbundene Leistungsdruck und hohe Erwartungen an sich selbst und an den Bewerbungsprozess. Für jeden Sechsten steht viel auf dem Spiel und die Teilnehmer haben das Gefühl, sich keine Fehler leisten zu können. Über 60 % der Studienteilnehmer sagen aus, dass der Bewerbungsprozess Kraft koste und keine stressfreie Phase darstelle.

Zahlen sind nett, aber was können wir daraus lernen? Die meisten Menschen fühlen sich vom Bewerbungsprozess gestresst, Bewerben macht keinen Spaß und ist eher eine Aufgabe, die man ungern erledigt.

Vielleicht ist genau das ein psychologisches Problem, ein störendes Mind-Set, das uns häufig im Wege steht. Ein geübter Personalbearbeiter erkennt, dass der Bewerber unter Leistungsdruck steht und sich selbst unter Druck setzt. Daher wird auch eine etwas lässigere, weniger verkrampfte und selbstbewusstere Haltung relativ hoch geschätzt. Denn wie stressresistent ist eine Person, die schon im Bewerbungsprozess total unter Druck steht und keine innere Ruhe bewahren kann?

An dieser Stelle ist Umdenken angesagt: Der Bewerbungsprozess ist kein Selbstzweck. Es geht nicht darum, sich bestmöglich darzustellen, sich anschließend auf die Schulter zu klopfen und stolz nach Hause zu gehen. Du willst dich be-"werben" – das heißt, Werbung für dich machen, deine Fähigkeiten vermarkten. Wenn du das Versprechen, das du im Bewerbungsprozess gibst, nicht einhalten kannst, dann wirst du auch weiterhin im Berufsleben Schwierigkeiten in der Umsetzung der gestellten Aufgaben haben.

Eine Bewerbung schreiben, sie einreichen und sie anschließend persönlich vertreten, sollte ein Akt sein, bei dem du möglichst authentisch bleiben solltest. Stell dir vor, dass es nicht um alles oder nichts geht, sondern darum, dass du dich mit einem Bekannten triffst, dem du von dir erzählen möchtest. Du kannst dir den Bewerbungsprozess auch als Date vorstellen: Je nervöser und künstlicher du dich verhältst, desto unwahrscheinlicher ist es, dass der Funke wirklich überspringt. Tatsächlich vergleichen einige Studienteilnehmer den Bewerbungsprozess mit einem ersten Treffen oder den ersten paar Dates – das Prinzip ist auch gar nicht so unähnlich.

Die Mehrheit der Befragten hat das Gefühl, dass das Unternehmen am längeren Hebel sitzt, und auch, dass sie sich eher der Bewertung durch andere ausliefern. Ein entscheidender Punkt ist aber auch, dass das Unternchmen sich bei dir bewirbt. Es ist nicht gesagt, dass du die Arbeit auch haben möchtest, nur weil du eingeladen wurdest. Vielleicht findest du die Konditionen unpassend oder lehnst die Stelle aus anderen Gründen ab. In manchen Situationen, vor allen Dingen in Bereichen, in denen es sich um einen akuten Personalmangel handelt, sitzt du häufig am längeren Hebel. Wenn du dich als Schulleiter oder Informatiklehrer bewerben möchtest und weißt, dass es gerade in diesem Bereich einen großen Bedarf an Personal gibt, hast du den Vorteil, nicht die erstbeste Stelle annehmen zu müssen.

Dafür ist es ganz praktisch, sich über die aktuelle Lage auf dem Markt zu informieren. Je besser du Bescheid weißt, desto besser kannst du einschätzen, wie deine Chancen stehen. Wenn händeringend nach Personal gesucht wird, musst du dich keinem allzu hohen Leistungsdruck aussetzen. Es reicht, selbstbewusst zu bleiben und sich auch dessen bewusst zu sein, dass deine Qualifikation dringend gesucht wird.

Quelle:

file:///C:/Users/marry/Downloads/softgarden%20-%20Wie%20Kandidaten%20den%20Bewerbungsprozess%20erleben.pdf

Gefühle sind in der Luft – aber auch beidseitig?

Bewerbung schreiben, Bewerbung abschicken, auf eine Rückmeldung warten – für die Bewerber, wie die Studie zeigt, eine sehr emotionale und nicht gerade stressfreie Zeit. Auf der anderen Seite verbinden Personalbearbeiter dadurch, dass sich sehr viele Menschen bewerben, eben keine großen Gefühle mit Bewerbungen und den damit verbundenen Kandidaten.

Das kann zu Missverständnissen und generell zu einer etwas unterschiedlich gewichteten Empathie führen. Ein Einzelfall in Relation zu Massen von Bewerbern, die für den Personalbearbeiter kein Gesicht und keine Geschichte haben. Sie sind nur Daten auf Papier und es geht darum, die Sympathischsten auszusuchen – gar nicht so einfach.

Versuche ein authentisches und offenes Gespräch mit dem Personalbearbeiter herzustellen. Es geht nicht darum, eine dramatische Lebensgeschichte zu erzählen oder im Gegenüber Sigmund Freud zu erkennen. Es geht nur darum, eine persönliche Sympathie herzustellen, die unpersönliche Mauer abzubauen und sich so zu zeigen, wie man im alltäglichen Arbeitsleben auftreten möchte.

Zusammenfassend lässt sich sagen, dass der Bewerbungsprozess nach wie vor nicht auf Augenhöhe funktioniert oder zumindest nicht so empfunden wird. Unternehmen arbeiten bereits daran, ihre Personalbearbeiter dahingehend zu schulen, dass das Bewerbungsgespräch persönlicher bzw. individueller gestaltet wird. Aber auch als Bewerber kann man eine ganze Menge zu einer erfolgreichen Kommunikation beitragen: keine Angst vor dem Personalbearbeiter, offene Kommunikation und wenig Theater. Kommunikation ist ein Prozess, der in beide Richtungen funktioniert!

Quelle:

file:///C:/Users/marry/Downloads/softgarden%20-%20Wie%20Kandidaten%20den%20Bewerbungsprozess%20erleben.pdf

Warum dauert der Bewerbungsprozess so lange?

Es wird dir mit Sicherheit aufgefallen sein, dass es sehr lange dauert, bis ein Arbeitgeber sich meldet und deine Bewerbung positiv oder negativ beantwortet. Warum ist das eigentlich so? Wenn die Bewerbungen sowieso schnell durchgegangen werden und die meisten davon recht bald im Müll landen, kann es an der gründlichen Überprüfung der einzelnen Bewerber nicht liegen.

Man geht häufig davon aus, dass der Grund eine tiefgehende Überprüfung ist, aber nicht von allen Bewerbern, sondern von denjenigen, die nach der großen Selektion weiterkommen. Dieses Vorgehen nennt man auch "Backgroundchecks". Dabei wird der Bewerber angeblich über die Angaben in der Bewerbung hinaus überprüft.

Gerade bei höheren Positionen soll das sehr entscheidend sein. Man nimmt an, ein Personalbearbeiter durchwühle alle Informationen über den Bewerber, die er über ihn finde. Dazu gehören soziale Netzwerke, ehemalige Arbeitgeber und andere zugängliche Quellen.

Man hat es schon häufiger gehört – poste nicht zu viel auf Social Media. Problematisch wird es vor allen Dingen bei Partyfotos, Fotos in einem sehr bedenklichen Zustand oder auch bei sehr intimen Aufnahmen. Darüber hinaus sollten Social Media mit dem Lebenslauf übereinstimmen, denn teilweise werden die Angaben, die für die Bewerbung relevant sein können, ernst genommen.

Was alles bei Backgroundchecks berücksichtigt wird und ob es sich um eine ethisch-moralisch vertretbare Methode handelt, lassen wir in diesem Bewerbungsratgeber außen vor. Allerdings werden sie u.a. als ein Faktor herangezogen, der die lange Dauer des Bewerbungsprozesses erklären könnte. In Deutschland muss man im Schnitt ca. 28,8 Tage lang auf eine Rückmeldung warten. Nur Frankreich übertrifft Deutschland mit knapp 32 Tagen.

Wenn ein potentieller Arbeitgeber lange braucht, um sich zu melden, bedeutet dies nicht unbedingt eine Absage. Es könnte auch sein, dass das Unternehmen sehr ausgiebig überprüft und sich im Rahmen der statistischen 29 Tage meldet.

Die Meinungen sind hinsichtlich der Backgroundcheck-Theorie aber gespalten. Während die einen behaupten, dass man wegen einer unvorteilhaften Social-Media-Seite eine Absage kassieren kann, gibt es auch gegenläufige Studien. Eine Umfrage von Staufenbibel und Kienbaum zeigt, dass die Online-Überprüfung nicht unbedingt die Regel ist. Es wurden insgesamt knapp 300 Unternehmen befragt. Vor allen Dingen ging es darum, herauszufinden, ob die zuständigen Personalbearbeiter die Bewerber online durchleuchten würden, und wenn ja, auf welche Art und Weise.

Die Umfrage hat ergeben, dass gerade mal 3 % aller zuständigen Mitarbeiter Bewerber regelmäßig aufs Korn nehmen. Bei 5,4 Millionen Befragten wäre man deutschlandweit bei gerade mal 160 000 Mitarbeitern.

Facebook-Accounts & Co. gehören dabei gar nicht zum Spektrum der Recherche. Vielmehr wird der Name des entsprechenden Bewerbers bei Google eingegeben. Diese Praxis ist allerdings auch nicht sonderlich verbreitet; nur 6 % aller Personalbearbeiter wollen auf diesem Wege mehr über den Bewerber erfahren. Wenn du allerdings eine namhafte Karriere oder Online-Tätigkeiten vorzuweisen hast, kann es durchaus von Vorteil sein, wenn der potentielle Arbeitgeber sich tatsächlich danach erkundigt.

Natürlich kann sich aber bei einer schlechten Internetreputation auch ein gegenteiliger Effekt einstellen: Wenn die Bewerber online überprüft wurden und man negative Ergebnisse oder Unstimmigkeiten entdeckt hat, wurden insgesamt 11,7 % dieser Bewerber auf dieser Grundlage abgelehnt.

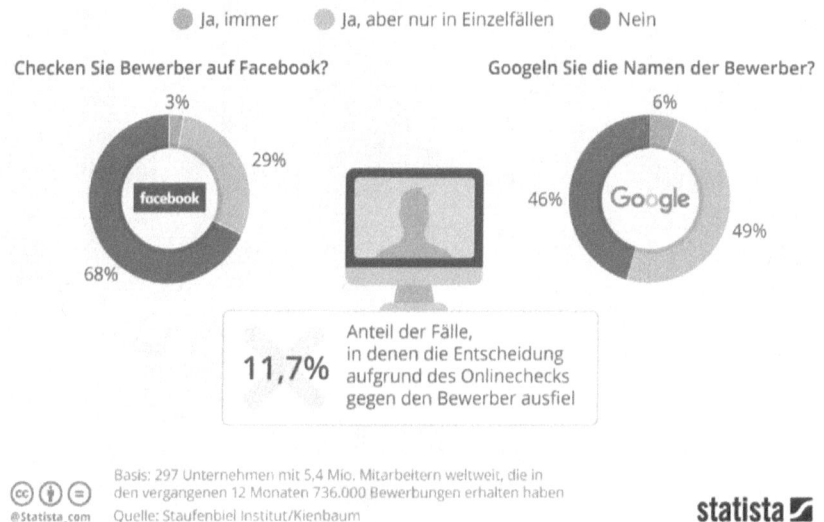

https://de.statista.com/infografik/8841/online-check-von-bewerbern/

Eine weitere Umfrage zum Thema "Reputation im Internet" zeigt im internationalen Vergleich, dass Online-Recherche in Deutschland wenig repräsentiert ist. In den USA geben 70 % aller Befragten an, einen Bewerber wegen schlechter Online-Ergebnisse abgelehnt zu haben. In Deutschland hingegen sind es nur 16 %; rund 60 % haben noch nie einen Bewerber abgelehnt, weil der Internetauftritt nicht zufriedenstellend war. Nur Frankreich geht mit 70 % voran, was die Ablehnung von Backgroundchecks angeht.

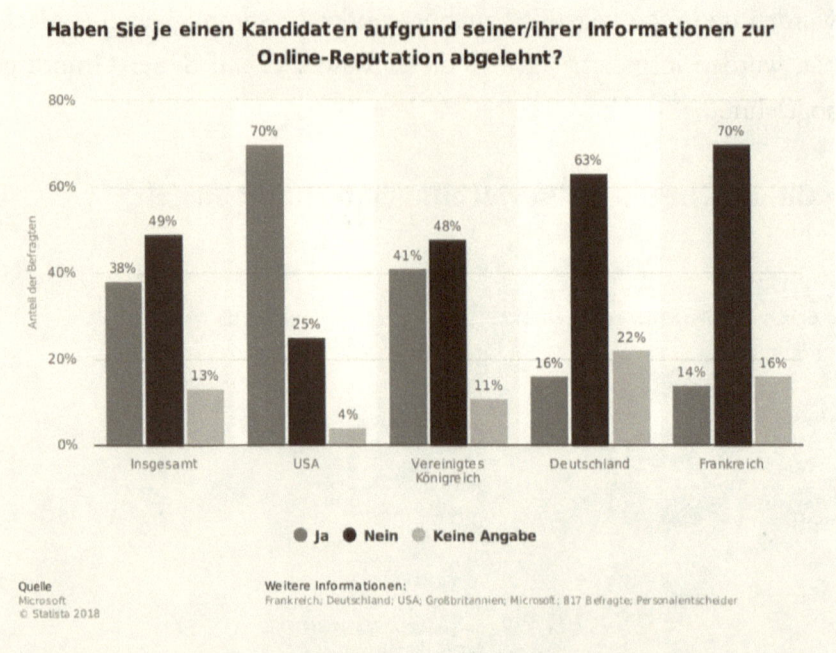

https://de.statista.com/statistik/daten/studie/76325/umfrage/bewerbung---einfluss-der-online-reputation-auf-jobchancen/

Anhand dieser Studienergebnisse lässt sich durchaus sagen, dass der Internetauftritt gar nicht so entscheidend ist, wie häufig behauptet wird. Zwar kann es sich so entwickeln, dass der Trend aus den USA nach Deutschland kommt, allerdings ist es noch nicht so weit. Insofern ist es nicht zwingend notwendig, sein Facebook-Profil zu polieren und immer sauber zu halten. Du solltest aber beachten, dass die Möglichkeit gegeben ist und daher dennoch ein Auge auf deine Social-Media-Accounts halten. Denn falls ein solcher "check" durchgeführt wird, kann der Inhalt relevant und entscheidend werden.

Quelle:

https://www.manpower.de/neuigkeiten/der-joblog/detail/studie-warum-bewerbungsverfahren-so-lange-dauern-193/

Worauf kommt es eigentlich ganz grundsätzlich an?

Dass Personalbearbeiter bei einer Bewerbung nach unterschiedlichen Aspekten Ausschau halten und entsprechend vielschichtig entscheiden, sollte mittlerweile hinreichend klar sein. Die Frage, worauf genau sie achten, ist allerdings noch nicht wirklich beantwortet. Natürlich geht es auch um solche Faktoren wie eine schöne Mappe, ein sorgfältig ausgesuchtes Design sowie einen fehlerfreien und wahrheitsgetreuen Inhalt.

Es gibt noch wichtigere Aspekte, die schon im Laufe der Ausbildung berücksichtigt werden sollten. Zum einen geht es dabei um die Noten, zum anderen um die zusätzlichen Qualifikationen und Fähigkeiten, die du mitbringst.

Nach wie vor ist es so, dass die Noten eine sehr ausschlaggebende Rolle spielen, auch wenn sie mittlerweile auf andere Arten und Weisen ausgeglichen werden können. So kann eine nicht besonders hervorragende schulische Leistung durch soziales Engagement und/oder Computerkenntnisse ausgeglichen werden. Ludger Wößmann vom ifo Institut berichtet in Bezug auf eine experimentelle Studie, dass Personalbearbeiter moderate bis schlechte Noten durch Praktika, Computerkenntnisse oder auch ehrenamtliche Tätigkeiten um ca. 1,5 Schulnoten aufwerten können.

Darüber hinaus sind auch Aspekte wie Reife, das damit zusammenhängende Alter sowie praktische Erfahrungen von großer Bedeutung. Wenn man sich zum ersten Mal auf eine Festanstellung bewirbt, ist eine ausgiebige praktische Erfahrung mit einem optionalen Empfehlungsschreiben oft sogar wertvoller als eine hervorragende Schulnote. Daher solltest du schon im Vorfeld schauen, wie du möglichst viele und möglichst passende praktische Erfahrungen sammeln kannst, die du anschließend im Bewerbungsgespräch anführen kannst. Damit erweckst du den Eindruck von Reife und Engagement sowie von einer hohen Lernbereitschaft. Die Studie zeigt, dass Bewerber, die ein längeres Praktikum im Lebenslauf stehen haben, deutlich mehr Rückmeldungen bekommen als Bewerber mit besseren Noten, aber ohne praktische Erfahrungen.

Wenn es um eine Stelle geht, für die ein akademischer Abschluss erforderlich ist, solltest du folgende Informationen beachten: Die Einhaltung der Regelstudienzeit spielt für die wenigsten Personalbearbeiter eine wirklich ausschlaggebende Rolle. Lass dir daher lieber etwas Zeit beim Studieren, als dass du zugunsten der Regelstudienzeit auf eine sehr gute Note verzichtest. Natürlich sollte die Semesteranzahl dennoch in einem vernünftigen Rahmen bleiben; zwanzig Semester für den Bachelor in Altphilologie könnte durchaus die Mehrheit der Personalbearbeiter misstrauisch stimmen.

Sprachliche Kompetenzen sind ebenso entscheidende Faktoren. Gerade bei den Stellen, bei denen es um Kundenkontakt geht, sind sie von Vorteil. Wenn du in der Schule Sprachen gelernt hast, in der Universität Kurse absolviert hast oder auch in deiner Freizeit mal Zertifikate eingesammelt hast, solltest du sie in deiner Bewerbung erwähnen. Wie genau du sie am besten positionieren kannst, erfährst du im weiteren Verlauf des Bewerbungsratgebers.

Quelle:

https://www.deutschlandfunk.de/studie-zu-bewerber-auswahl-die-abschlussnote-ist-einer-der.680.de.html?dram:article_id=411718

https://www.staufenbiel.de/magazin/bewerbung/der-perfekte-bewerber-was-sich-personaler-wuenschen.html

Bewerbung erstellen – aber wie?!

Die inhaltlichen sowie formalen Aspekte zum Erstellen einer Bewerbung folgen in weiteren Teilen dieses Bewerbungsratgebers. Zunächst ist es sinnvoll, verstärkt darauf einzugehen, welche Möglichkeiten man hat, um eine Bewerbung zu erstellen. In dieser Hinsicht bieten sich folgende Varianten an:

- Word-Vorlagen verwenden
- Xing und Online-Vorlagen verwenden
- eine Vorlage selbst erstellen
- sich an ein Ghostwriter-Unternehmen wenden

Grundsätzlich hat jede dieser Möglichkeiten Vor- und Nachteile. Wenn du Word- oder Internet-Vorlagen von Xing verwendest, hast du den Vorteil, dass das Design bereits gestaltet ist und du nur noch deine Informationen eintragen musst. Damit kannst du deine Bewerbung selbst formulieren, musst dir aber keinen Aufwand bei der Gestaltung machen. Die Vorlage ist bereits sinnvoll formatiert. Der Nachteil von vorgefertigten Vorlagen liegt aber auf der Hand: Da du nicht der einzige Bewerber bist, der auf die Idee kommt, eine Vorlage im Internet herunterzuladen, ähnelt deine Bewerbung möglicherweise einigen anderen im großen Stapel der Konkurrenz. Da die Regel Nr.1 bei Bewerbungen "Auffallen!" lautet, kann dieser Trick voll nach hinten losgehen.

Tipp: Du kannst eine Vorlage herunterladen und sie etwas individuell anpassen. So musst du nicht die gesamte Arbeit machen und hast ein eigenes Design!

Gerade in kreativen Sparten wie Grafikbüros oder Kunsthochschulen werden kreative Bewerbungsdesigns natürlich gern gesehen. Die

Vorlage sollte nicht zu verspielt sein und der Fokus sollte nach wie vor auf dem Inhalt liegen. Aber das Einbringen von eigenen Fähigkeiten in die Erstellung der Bewerbung wirkt wie eine professionell gestaltete Visitenkarte: Du wirkst solide, vorbereitet und sehr zielstrebig.

Darüber hinaus besteht die Möglichkeit, deine gesamte Bewerbung von einem professionellen Unternehmen anfertigen zu lassen. Heutzutage gibt es immer mehr Unternehmen, die unterschiedliche Pakete für die Erstellung von Bewerbungen anbieten. Einige Personalbearbeiter bewerten solche Bewerbungsagenturen nicht unbedingt als schlecht oder als direktes Ausschlusskriterium, auch wenn erkennbar ist, dass der Bewerber die Bewerbung nicht selbst geschrieben hat. Gerade bei Stellen für naturwissenschaftliche oder technische Tätigkeiten ist die Sprache der Bewerbung häufig weniger relevant als bei angehenden Journalisten oder anderen geisteswissenschaftlich ausgerichteten Berufen.

Dennoch hat eine solche Auftragsarbeit häufig Nachteile, auch wenn die Vorteile auf den ersten Blick einleuchtend sind:

- Bewerbungen schreiben nimmt Zeit in Anspruch, die du vielleicht nicht unbedingt aufwenden möchtest. Gerade, wenn es darum geht, viele Arbeitgeber anzuschreiben, kann der Bewerbungsprozess sehr zeitintensiv werden.

- Man selbst hat nicht unbedingt das Gespür dafür, was richtig oder wichtig in einer Bewerbung ist. Daher erscheint Outsourcing dieser Schreibarbeit sinnvoll, da die Ghostwriter die entscheidenden Aspekte besser einschätzen können.

- Zusätzlich zum Inhalt bieten solche Unternehmen "exklusive" Designs an, die eine besondere Auffälligkeit der Bewerbung versprechen. So musst du dir keine Umstände mehr machen und nach einer passenden, soliden Vorlage suchen.

So verlockend das alles klingt, sollte man auch die Nachteile stets im Auge behalten. Und diese überwiegen wider Erwarten:

- Der Zeitaufwand, den eine Bewerbung in Anspruch nimmt, ist gar nicht so hoch. Denn meistens setzen sich Bewerbungsschreiben sowieso aus mehr oder weniger ähnlichen Floskeln zusammen, die nur individualisiert werden. Das heißt, dass die Bewerbung, die man einmal geschrieben hat, mit kleinen Änderungen für etliche weitere Unternehmen übernommen werden kann. Das bedeutet nicht, dass sie einfach mehrfach ausgedruckt und wie ein Kettenbrief herumgeschickt wird! Wie du deine Bewerbung individualisiert und mit möglichst wenig Zeitaufwand vervielfältigen kannst, erfährst du im weiteren Verlauf dieses Bewerbungsratgebers.

- Auch diejenigen, die in solchen Unternehmen arbeiten, sind häufig nicht unbedingt Personalbearbeiter oder Profis, wie es auf den Websites angegeben wird. Du weißt mit Sicherheit, dass man nicht alles glauben sollte, was im Internet steht. Häufig arbeiten in Unternehmen, die Bewerbungen erstellen, Studenten oder fachfremde Texter, die nicht wirklich viel Erfahrung haben. Das bedeutet, dass sie häufig gar nicht so viel besser einschätzen können, worauf Personalbearbeiter achten und was diese in der Bewerbung lesen wollen. Eine hochgestochene Formulierung imponiert durchaus nicht allen Arbeitgebern – denn Authentizität und Simplizität überwiegen oft, wenn sie auf eine Waage mit einer elaborierten Sprache eines Germanistikstudenten gelegt werden.

- Die Designs, die bei der Erstellung von Bewerbungen angeboten werden, sind logischerweise ebenso wenig individuell wie Designs, die man im Internet herunterladen kann. Wenn man überlegt, wie viele Menschen ihre Bewerbungen schreiben lassen und wie viele Menschen sich für die jeweiligen Pakete entscheiden, die die entsprechenden Unternehmen anbieten, ist es nicht schwer zu ermitteln, dass nicht jeder eine extra angefertigte Vorlage bekommt. So kann man sich das Geld sparen und sich lieber selbst ans Werk machen!

Bewerbung abschicken – wie genau?

Es gibt mittlerweile unterschiedliche Wege, wie man eine Bewerbung abschicken kann. Vor etwa zwanzig Jahren wäre dieser Abschnitt noch absurd gewesen, denn wie soll man eine Bewerbung sonst verschicken als per Post? Doch mittlerweile gibt es zahlreiche Möglichkeiten, um sich mit dem potentiellen Arbeitgeber in Verbindung zu setzen. Zahlreiche Portale und Plattformen bieten Online-Dienste an, über die man sich schnell und unkompliziert bewerben kann – so lautet zumindest das Versprechen.

Folgende Möglichkeiten kann man heutzutage in Betracht ziehen:

- Bewerbung per Post
- Bewerbung per E-Mail
- Bewerbung über ein Internetportal
- One-Click-Bewerbung

Bewerbung per Post

Dabei handelt es sich um die klassische und traditionell bewährte Methode, sich auf eine Stelle zu bewerben. Hierbei werden die Bewerbungsunterlagen analog zusammengestellt, in eine Bewerbungsmappe gelegt und in einem Umschlag an die entsprechende Adresse verschickt. Dabei kommt es auf die Wahl der Bewerbungsmappe an, auf das Papier, das für den Druck verwendet wurde, sowie auf eine sorgfältige Zusammenstellung und Präsentation.

Der Vorteil dieser Methode liegt darin, dass die Bewerbung einen greifbaren Eindruck vermittelt. So kann sich der Bewerber durch die Sorgfalt, mit der er die Mappe präsentiert, bemerkbar machen und auch im Stapel anderer Bewerber hervortun.

Die Nachteile bestehen unter anderem in den Kosten, die mit dem Versand verbunden sind, sowie dem Aufwand, der dabei entsteht. Durch die zunehmende Digitalisierung von Bewerbungsprozessen nimmt die Häufigkeit von analogen Bewerbungen ab, da sie Platz wegnehmen, Zeit in Anspruch nehmen und digital einfach ersetzt werden können.

Dennoch sind Bewerbungsmappen nach wie vor gefragt. Auch wenn man sie nicht unbedingt verschickt, lohnt es sich häufig, eine Bewerbungsmappe zum Vorstellungsgespräch mitzubringen. Sie erweckt den Eindruck, dass der Bewerber vorbereitet ist und sich Gedanken um sein Auftreten gemacht hat.

In welchen Fällen eine Bewerbungsmappe sinnvoll ist und wie man sie zusammenstellt, erfährst du im weiteren Verlauf vom Bewerbungsratgeber.

Bewerbung per E-Mail

Bewerbungen per E-Mail gehören mittlerweile zu einer sehr beliebten Methode und werden sowohl von kleinen als auch von großen Unternehmen akzeptiert. Die Vorteile bestehen darin, dass die Methode schnell geht und weder Kosten noch einen besonderen Zeitaufwand verursacht. Darüber hinaus verfügen Personalbearbeiter meistens über eine eigene E-Mail-Adresse, sodass man sie direkt und persönlich kontaktieren kann. Auch bei Motivationsschreiben ist es durchaus vorteilhaft, sich per E-Mail bei der jeweils gewünschten Person zu melden, damit dieses direkt beim angedachten Empfänger landet.

Die Nachteile bei dieser Vorgehensweise sind die üblichen Risiken, die bei E-Mails entstehen. Die E-Mail kann im Spamordner landen oder übersehen werden, wenn die zuständige Person zu stark ausgelastet ist.

Bewerbungen über Internetportale

Es gibt zahlreiche Internetportale, die mit Unternehmen kooperieren und eine Plattform bieten, um Stellenausschreibungen eine hohe Reichweite zu ermöglichen. Für Bewerber wiederum bietet sich der Vorteil, schnell und einfach an spezielle Ausschreibungen zu kommen und unpassende Vorschläge zu filtern. Im Anschluss kannst du dich häufig direkt auf dem gleichen Portal bewerben. Eine sehr praktische Art und Weise, um schnell und einfach an Jobangebote zu kommen. Doch auch hier ist Vorsicht geboten!

Die Bewerbung über Internetportale kann unzureichend sein und kein ausreichendes Maß an Professionalität mitbringen. Manchmal werden die Bewerber deutlich darauf hingewiesen, die Bewerbung nicht über das Portal einzureichen, sondern sich per E-Mail oder per Post zu bewerben. Das kann sinnvoll sein, auch wenn du nicht dirckt darauf hingewiesen wirst. Denn wenn viele Bewerber den Arbeitgeber über das Portal kontaktieren, fällst du unter Umständen mehr auf, wenn du dich separat per E-Mail bewirbst. Denn das Ziel Nummer 1 ist: Auffallen!

Allerdings sind die Vorteile von Internetportalen ebenso augenfällig: Meistens muss man den Lebenslauf, der sowieso immer identisch bleibt, nur einmal hochladen. Der Lebenslauf wird zusätzlich zum individuell erstellten Anschreiben oder einer kleinen Ansprache mit anderen relevanten Referenzen und Unterlagen angehängt.

Internetportale wie Xing beispielsweise genießen einen sehr guten Ruf und können daher ohne Bedenken genutzt werden. Gerade dort lassen sich Unternehmen und Ausschreibungen finden, die mit Verantwortung und interessanten Positionen zusammenhängen.

One-Click-Bewerbungen

Bei One-Click-Bewerbungen handelt es sich meistens um Bewerbungen für kleinere Jobs, Nebenjobs oder Aushilfsjobs. Im Grunde genommen ist es eine besondere Art von Bewerbung über Internetportale. Sie sind vorteilhaft, wenn es um Stellen geht, die nicht sonderlich viele oder hohe Qualifikationen erfordern. So kannst du einmal deinen Lebenslauf hochladen und ohne weitere Ansprache den Arbeitgeber kontaktieren. Solche Dienste bieten häufig größere Dienstleistungsvermittler an oder Betriebe, die kein speziell ausgebildetes Personal suchen. Vor allen Dingen für Studenten, Azubis und Menschen auf der Suche nach einem Minijob sehr praktisch, da man recht viel Zeitaufwand einsparen kann!

Die praktische Seite der One-Click-Bewerbung nutzen somit eher die Bewerber. Die meisten Unternehmen bieten diese Option nämlich nicht an und haben es auch nicht vor. Während über 60 % aller Unternehmen diese Möglichkeit der Bewerbung ablehnen, würden rund 70 % der Bewerber die One-Click-Bewerbung für sich nutzen.

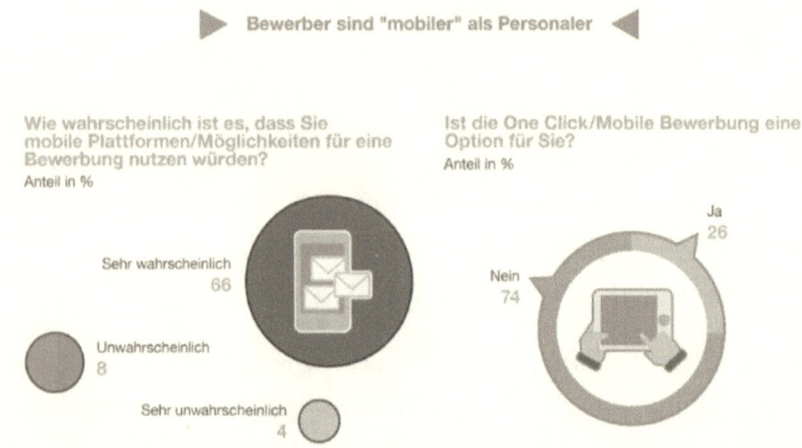

https://de.statista.com/infografik/5092/bewerbungen-in-deutschland/

Und was denken die Arbeitgeber?

Die Art der Bewerbung und die damit einhergehende Rückmeldung hängen von der Einstellung der potentiellen Arbeitgeber ab. Es wurden zahlreiche Studien zum Thema durchgeführt, auf welche Art und Weise Bewerber ihre Anschreiben zusenden sollten und welche Methoden bevorzugt werden.

Heutzutage suchen rund 80 % aller deutschen Studenten nach Arbeit, indem sie ihren mobilen Begleiter zu Rate ziehen. Somit ist eine deutliche Veränderung der Methode zu verzeichnen, denn noch vor einigen Jahren war das beliebteste Endgerät der Computer. Eine Entwicklung, die nicht unproblematisch ist. Denn nur 27,4 % aller Unternehmen bieten Online-Bewerbungsmöglichkeiten an. Ganz schön unpraktisch, vor allem für all diejenigen, die es gerne schnell und einfach haben. Somit sind die Unternehmen, die tatsächlich Online-Bewerbungsdienste anbieten, klar im Vorteil. Denn sie greifen die Bewerber ab, die sich über die entsprechenden Portale bewerben. So bleiben recht viele Unternehmen im ersten Gang unbemerkt und müssen auf andere Weisen erreicht werden. Weil gerade junge Menschen, die für die Unternehmen relevant sind (im Alter zwischen 18 und 27), sehr smartphoneaffin sind und dadurch viele Stellenausschreibungen nicht finden, steigt oftmals der Altersdurchschnitt der Bewerber.

Die Gründe, warum zahlreiche Unternehmen im Internet so stark unterrepräsentiert sind, variieren recht stark. Ca. 38 % der Befragten geben an, nie über eine höhere Aktivität im Internet nachgedacht zu haben. Angesichts der Tatsache, dass das Internet im deutschen Arbeitsleben nicht als Quelle aller Weisheit gilt, ist dieser Umstand nicht sonderlich verwunderlich. Zunehmend werden auch hier die Wege stärker ausgeschöpft, aber es gibt noch definitiv Luft nach oben.

Weitere 20 % sagen aus, dass sie auch auf andere Arten und Weisen ausreichend Bewerbungen erhalten. Das kann bedeuten, dass sie einen starken medialen Auftritt, eine hohe Reichweite oder eine gut ausgebaute Website haben, die ausreichend Bewerber anlockt. Da solche Stellenausschreibungen nicht auf klassischen oder gängigen Internetportalen zu finden sind, solltest du dich abseits von StepStone, Indeed und Co. umschauen. Denn sie sind häufig nur die Spitze des Eisbergs!

Die perfekte Bewerbung

https://de.statista.com/infografik/12032/mobile-recruiting/

Wenn man aber nicht unbedingt von Bewerbungsportalen ausgeht, sondern sich den gesamten Online-Bereich anschaut, dann stellt man laut der Studie von ARIS fest, dass sowohl Online-Bewerbungen als auch Bewerbungen per Post gleichermaßen akzeptiert werden.

(https://de.statista.com/statistik/daten/studie/216350/umfrage/umfrage-zur-bevorzugten-form-von-bewerbungsunterlagen/)

Abschließend kannst du dir Folgendes merken:

- Nicht alle interessanten Stellen werden auf den gängigen Bewerbungs-und Jobportalen ausgeschrieben! Oftmals findet man gute Stellen auf den Websites der Unternehmen selbst bzw. auf internen Ausschreibungsplattformen.

- Viele Unternehmen legen nach wie vor Wert auf eine klassische Aufbereitung der Bewerbung und einen individuellen, nicht automatisierten Bewerbungsprozess.

- Die meisten Unternehmen ziehen der mobilen Bewerbung oder einer Bewerbung auf einer Bewerbungsplattform individuelle Bewerbungen per E-Mail oder analoge Bewerbungen per Post vor.

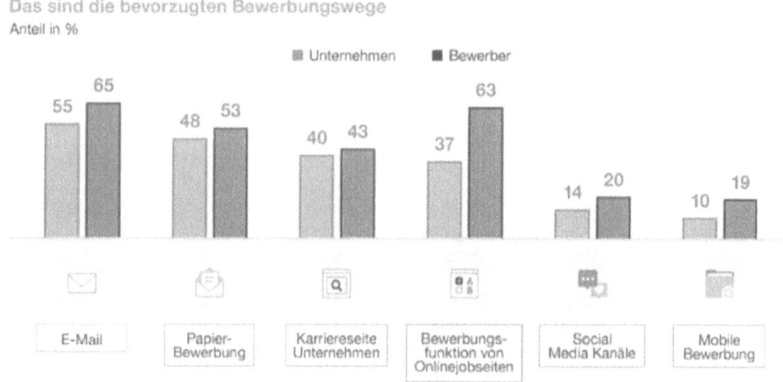

https://de.statista.com/infografik/5092/bewerbungen-in-deutschland/

Insgesamt lässt sich feststellen, dass Bewerber häufig mobil unterwegs sind und auch im Bewerbungsprozess eine gewisse Flexibilität erwarten. Rund 40 % aller Bewerber haben bereits darauf verzichtet, sich auf eine bestimmte Stelle zu bewerben, weil der Bewerbungsprozess zu mühsam und langwierig erschien. Personalbearbeiter wiederum verbinden mit dem Bewerbungsprozess eine sehr konservative Haltung und erwarten viel Engagement und Zeitaufwand. Somit zeichnet sich eine weitere

Barriere zwischen Bewerber und Unternehmen ab, die möglichst zeitnah in einer Phase des Fachkräftemangels überwunden werden sollte.

Was lerne ich in diesem Bewerbungsratgeber?

Dieser Bewerbungsratgeber gibt dir das perfekte Werkzeug an die Hand, mit dem du deine Bewerbung schreiben kannst, ohne auf externe Dienste zurückgreifen zu müssen. Dabei umfasst der Bewerbungsratgeber alle Stufen, die während der Erstellung relevant werden:

Angefangen bei den Formalien wie Briefkopf und die Formatierung der eigenen Anschrift bis hin zur Erstellung der digitalen Unterschrift. Da zu einer Bewerbung nicht nur der schriftliche Prozess gehört, sondern auch die bestenfalls darauffolgende Einladung und das persönliche Gespräch, erfährst du in diesem Ratgeber, worauf du beim Kennenlerngespräch achten solltest – von der Kleidung bis hin zur Körpersprache.

Das Wichtigste ist, zu verstehen, dass Bewerbungen schreiben kein nerviger, zermürbender Prozess sein sollte. Es ist unrealistisch, wenn man denkt, dass man sich bei der Bewerbung auf eine bestimmte, sehr umständliche Art verkaufen sollte, und sobald man den Job hat, läuft alles wie geschmiert. Den Leistungsdruck, den man sich bei der Bewerbung auferlegt, trägt man meistens durchaus länger mit sich herum. So ist es wesentlich sinnvoller, sich zu entspannen und den Bewerbungsprozess als ein ganz normales Kennenlernen zu betrachten. Das bedeutet: Nervosität ist völlig normal und häufig sogar sympathisch. Allerdings ist panische Angst nicht angebracht und vermittelt nur Unsicherheit. Solche Angestellten möchte kein Unternehmen in einer Führungsposition oder in irgendeiner verantwortlichen Position sehen.

Dieser Bewerbungsratgeber vermittelt dir nicht nur die Grundlagen von sprachlichen Formulierungen, sondern auch den Umgang mit der eigenen Nervosität. Somit kannst du das Buch als ein zu einem großen Teil psychologisches Werk betrachten.

Auch in unserer modernen, technologisierten und digitalen Welt voller Innovationen sollten wir nicht vergessen, dass wir Menschen sind. Gesunder Menschenverstand sollte daher durchaus eine wesentliche Rolle spielen, gerade bei der Arbeitssuche. Wohin panische Verlustängste führen können, visualisiert eine Geschichte, die ich im Rahmen meiner eigenen beruflichen Erfahrung gesammelt habe: Ein Mann wollte sich als Rübenpflücker bewerben. Er hatte sich eine professionelle Bewerbung erstellen lassen, mit ausgefeilten Formulierungen und einem schönen Layout. Sie hatte überhaupt nicht zu der Ausschreibung gepasst, auf die er sich eigentlich beworben hatte. Es sah am Ende eher so aus, als würde er sich als Architekt in einer Agentur bewerben. Und wie erwartet hat er die Stelle nicht bekommen, weil die Bewerbung nicht authentisch und "überqualifiziert" war.

Diese Geschichte soll Folgendes aussagen: Es ist wichtig, seine eigene Persönlichkeit im Blick zu behalten und die Rahmenbedingungen realistisch einzuschätzen. Wer sich als Kellner oder besagter Rübenpflücker bewerben möchte, braucht keine hochgestochene Sprache im Anschreiben, da zählen häufig eher andere Qualitäten. Auch für Menschen, die in der Textverarbeitung, Journalismus u.ä. arbeiten wollen, sind steife, abgedroschene Floskeln eher Flop als top. Lass dich nicht verunsichern und höre auf dein Bauchgefühl. Alles Übrige, also Bewerbungs-No-Gos und die am häufigsten verbreiteten Bewerbungsfettnäpfchen erfährst du in diesem Bewerbungsratgeber!

Vorbereitung

Eine gute Vorbereitung ist im Bewerbungsprozess die halbe Miete. Dazu gehört eine ganze Menge: Es handelt sich nicht nur um die Wahl der richtigen Bewerbungsmappe, sondern auch um die Software, mit der du deine Unterlagen erstellst, bis hin zur Anfertigung des Bewerbungsfotos sowie der digitalen Unterschrift.

Der folgende Abschnitt soll dich bei der Bewerbungsvorbereitung unterstützen:

- Selbstanalyse und Selbsteinschätzung
    - Welches Berufsfeld kommt für mich infrage?
    - Wo liegen meine persönlichen Interessen und wie lassen sie sich mit einem Beruf vereinbaren?
    - Wo liegen meine Stärken und meine Schwächen?
- Ausarbeitung eines roten Fadens
    - Wie informiere ich mich über das Unternehmen?
    - Welche Informationen sind dabei wichtig?
- Wahl des Designs und des Tools für die Erstellung einer Bewerbung
    - Word-Vorlagen
    - Xing-Vorlagen
    - andere Vorlagen aus dem Internet
- Erstellung einer Bewerbungsmappe

- Welche Arten von Bewerbungsmappen gibt es?
- Was sind die Vor- und Nachteile?

• Bewerbungsfoto erstellen

- Worauf sollte man achten?
- Welche Fehler sollte man unbedingt vermeiden?

Selbstanalyse und Selbsteinschätzung

Eine ausgiebige Selbstanalyse und eine adäquate Selbsteinschätzung sind wichtig, um sich auf das Schreiben der Bewerbung vorzubereiten. Denn es handelt sich um eine komprimierte Vorstellung der eigenen Persönlichkeit, die schnell und kräftig überzeugen muss. Dafür ist es entscheidend, herauszufinden, mit welchen Eigenschaften du den Personalbearbeiter überzeugen kannst.

Schritt 1: Welches Berufsfeld kommt für mich infrage?

Wenn man gerade mit der Ausbildung oder dem Studium fertig ist, stehen einem zunächst viele Wege offen. In einigen Fällen ist der weitere Ablauf relativ klar: Die meisten Medizinstudenten landen zunächst in einem Krankenhaus und die meisten Friseure in einem Friseursalon. Es gibt allerdings sehr viele Ausbildungen und Studiengänge, die einen so klar definierten Lebenslauf nicht vorgeben. Wohin mit Jura, Sozialwissenschaften oder Mathematik? Da stehen einem Bewerber sehr viele Möglichkeiten offen.

Gerade bei der Entscheidung für ein bestimmtes Berufsfeld ist es hilfreich, sich zu überlegen, in welchen Bereichen deine Kompetenzen liegen und welche Präferenzen du hast. Das mag banal klingen, ist es aber nicht. Häufig kommt es vor, dass Bewerber mit ihrem Studium oder ihrer Ausbildung an einem völlig falschen Ort landen und gar nicht das lernen oder die Tätigkeit ausüben, die eigentlich angedacht war.

Dieser erste Schritt ist sehr allgemein und vor allen Dingen zur Orientierung gedacht. Er zeigt, dass es sehr wichtig ist, sich über die eigenen Interessen zu "informieren" sowie sich klar zu machen, was genau das Unternehmen macht, indem du dich bewerben möchtest. Zudem unterstreicht es die Wichtigkeit von Praktika in diesem konkreten Berufsfeld, denn die Vorstellungen können stark von den Idealen abweichen. Man möchte etwas mit Menschen machen und am Ende flieht man, sobald Kunden in Sicht sind, weil der Kundenkontakt nach zwei Wochen langweilig und anstrengend geworden ist.

Schritt 2: Wo liegen meine persönlichen Interessen und wie lassen sie sich mit einem Beruf vereinbaren?

Zur Vorbereitung auf eine Bewerbung gehört ein langer Prozess. Beobachte, was dir während deiner Ausbildung am meisten Spaß gemacht hat und wohin sich die Interessenschwerpunkte verlagert haben. Wenn du beispielsweise schon immer die theoretischen Aspekte spannend fandest, ist es sinnvoll, in die Forschung zu gehen oder eine akademische Laufbahn einzuschlagen. Gerade bei Studenten ist es häufig eine unterschätzte Möglichkeit, seine Karriere in akademische Bahnen zu lenken.

Wenn du aber schon immer eher ein Praktiker warst, dann ist es nicht sonderlich sinnvoll, sich mit Theorie rumzuschlagen. Das bedeutet vor allen Dingen, dass du dich grundsätzlich damit auseinandersetzen solltest, wie praktisch der entsprechende Beruf tatsächlich ist. Wenn du beispielsweise Journalist werden möchtest, solltest du berücksichtigen, dass dieser Beruf zu einem sehr großen Teil aus Recherche und Textarbeit besteht; der investigative Teil steht oftmals eher im Hintergrund. Dadurch möchte ich verdeutlichen, dass es sinnvoll und nahezu notwendig ist, sich praktische Erfahrungen auf den angedachten Gebieten einzuholen. Denn man kann mit der Einschätzung der eigenen Interessen völlig danebenliegen.

Und wenn man seine Interessen richtig eingeschätzt hat, bedeutet das nicht, dass sie sich ohne Weiteres mit dem gewählten Berufsfeld vereinbaren lassen.

Mit dem folgenden Analyseraster fällt dir der Prozess der Selbsteinschätzung sicherlich einfacher:

1. **Wo liegen meine fachlichen Präferenzen?**

   Finde heraus, wo deine fachlichen Schwerpunkte liegen. So kannst du diese mit den in der Stellenausschreibung angegebenen Aspekten abgleichen und herausfinden, ob deine Interessen zu der ausgeschriebenen Stelle passen.

2. **Wo liegen meine sozialen Präferenzen?**

   Arbeitest du gerne in Arbeitsgemeinschaften und entwickelst Projekte in Zusammenarbeit mit deinen Kollegen/Kolleginnen? Oder arbeitest du lieber für dich und bist in deiner Freiheit nur durch die Vorgaben des Arbeitgebers eingeschränkt? Der soziale Aspekt ist bei der Abwägung der Interessen und ihrer Vereinbarkeit mit dem Berufsfeld sehr wichtig. Denn in einigen Bereichen arbeitet man überwiegend alleine und hat ein Pensum an Aufgaben, die man selbst erledigen muss. In anderen Bereichen wiederum wird ein sehr großer Akzent auf Teamwork gelegt, was für kommunikative und sozial aufgeschlossene Menschen von Vorteil und für zurückhaltende Einzelgänger ein Nachteil sein kann.

3. **Wie motiviert bin ich?**

   Es mag trivial sein, sich zu überlegen, ob man denn überhaupt motiviert ist. Dennoch ist es wichtig, sich dessen bewusst zu werden, was man eigentlich erreichen möchte und welche Ziele man sich selbst setzt. Man kann nicht zielstrebig sein, ohne ein Ziel zu haben. Dies überzeugt weder dich noch deinen potentiellen Arbeitgeber.

   Finde die Aspekte, die dich motivieren, d.h., die ausschlaggebend dafür sind, in das entsprechende Berufsfeld einzusteigen. Es kann sinnvoll sein, sich in die Perspektive eines kleinen Kindes zu versetzen. Träumereien und naive Vorstellungen können hierbei eine Vision schaffen, die greifbar ist und damit viel Klarheit ins Dunkle bringt.

   Natürlich lässt sich Motivation nicht direkt messen. Wenn du allerdings merken solltest, dass du überhaupt keine Lust oder Motivation findest, dich für eine Stelle zu bewerben, dann könnte es daran liegen, dass es nicht die richtige Stelle ist. Mit einem erfolgreich abgeschlossenen Bewerbungsprozess ist es nämlich nie getan – danach musst du in diesem Unternehmen arbeiten!

4. **Welche Vorstellungen habe ich und welche Anforderungen stelle ich an das Unternehmen, bei dem ich mich bewerbe?**

   Bei deiner Selbstanalyse solltest du auch darauf eingehen, welche Anforderungen ein Unternehmen erfüllen sollte, damit du dort gerne arbeitest. Verkaufe dich nicht unter Wert! Gerade große Unternehmen mit hohen Ansprüchen suchen nach Mitarbeitern, die hohe Ansprüche mitbringen. Denn häufig wird davon ausgegangen, dass diejenigen, die bereits hohe Ansprüche mitbringen, auch während der Arbeitszeit hohe Ansprüche an ihre eigenen Arbeitsergebnisse stellen.

Dabei kannst du dich auf alle möglichen Aspekte beziehen: Bekommst du einen angenehmen, akzeptablen Arbeitsplatz oder musst du in einer "Abstellkammer" arbeiten? Gibt es einen vernünftigen Pausenraum? Wird ordentlich für das Wohlbefinden der Mitarbeiter gesorgt? Fühlst du dich von dem zuständigen Personalbearbeiter fair und angemessen behandelt?

Jeder hat seine eigenen Präferenzen und bestimmt die Höhe der Messlatte, die an das jeweilige Unternehmen angesetzt wird. Aber wenn du eine Messlatte festgelegt hast, solltest du sie nicht heruntersetzen, sofern sie adäquat eingestuft war. Denn so zeigt man, dass man bereit ist, jeden Job anzunehmen, und das erweckt gerade bei wichtigen Stellen einen recht verzweifelten und unsicheren Eindruck.

Schritt 3: Wo liegen meine Stärken und meine Schwächen?

Erstaunlich, aber wahr: Den meisten Menschen fällt es schwer, ihre Stärken aufzuzählen. Es mag unterschiedliche Gründe dafür geben, denn einige halten es für vermessen oder arrogant, anderen fällt tatsächlich nichts ein.

Auch wenn dieser Zug eine Art Bescheidenheit ausdrückt oder gar simulieren soll, führt es eigentlich zu nichts anderem als zu einem unsicheren und minderwertigen Eindruck. Stell dir Folgendes vor: Du bist ein Personalbearbeiter und musst einen Bewerber aussuchen, der den neuen Posten XY einnehmen soll. Nun sitzt dir eine Person gegenüber, die keine einzige Stärke nennen kann oder nur alibimäßige Antworten wie "Pünktlichkeit" angibt. Dafür aber bei der Frage nach den Schwächen entweder eine lange Liste ausrollt oder sagt, dass sie keine Schwächen hat oder (schlimmstenfalls) "Perfektionismus" als Schwäche bezeichnet.

Das alles sind Beispiele für Selbsteinschätzungen von Stärken und Schwächen, die nicht sonderlich aussagekräftig sind. Darüber hinaus sind sie zum Teil heuchlerisch und unehrlich, was bei einer Bewerbung doppelt unangebracht ist.

Wenn du dich realistisch und produktiv einschätzen möchtest, stell dir folgende Fragen:

1. **Was kann ich besonders gut?**

    Hierbei solltest du dich vor allen Dingen auf die Antwortmöglichkeiten konzentrieren, die für die ausgeschriebene Stelle relevant sind. Es ist schön und gut, wenn du besonders gut häkeln oder Skifahren kannst, aber es ist verhältnismäßig unwichtig, vorausgesetzt, du bewirbst dich nicht in einem Häkelclub oder als Skifahrer in einer Skischule.

    Vielmehr kannst du dich auf Fähigkeiten fokussieren wie Organisationstalent oder die Fähigkeit, dich auch bei sehr stressigen Situationen zusammenreißen zu können. Hierbei handelt es sich um sogenannte Soft Skills. Mehr dazu findest du im abschließenden Teil von diesem Bewerbungsratgeber.

2. **Welche Eigenschaften zeichnen mich aus?**

    Auch diese Frage zielt mehr oder weniger auf Soft Skills ab. Aber während es sich bei Skills eben um Fähigkeiten handelt, die berufsbezogen relevant sind, sind persönliche Eigenschaften Charakteristika, die dich im Alltag begleiten. In diesem Fall wären solche Aspekte wie Ausgewogenheit oder Impulsivität gefragt. Wichtig ist es, keine Eigenschaften vorzugaukeln. Wenn du eindeutig ruhigen Charakters bist, ergibt es keinen Sinn, lange

Reden darüber zu halten, wie impulsiv du bist, nur weil du denkst, dass der Personalbearbeiter es von dir erwartet. Bleib authentisch: Das Wichtigste ist nicht, welche Eigenschaften du hast, sondern wie du sie schön und attraktiv verpackst.

In diesem Bereich könntest du sogar sagen, dass du faul bist. Positiv verpacken kann man diese Eigenschaft, indem du sagst, dass du sehr schnell arbeitest und nach den einfachsten und effektivsten Wegen suchst, Probleme und Aufgaben anzugehen, um dich nicht zu lange damit aufzuhalten. So kannst du etwas Witz in die Unterhaltung bringen und dich nicht nur kompetent, sondern auch sympathisch vorstellen.

Quelle:

http://www.bewerbungstraining-online.at/filebase/BBS%20Deutsch/fragen_selbstanalyse.pdf

3. Wo liegen die Schwerpunkte meiner Ausbildung?

Die Schwerpunkte der Ausbildung sind nicht von Anfang an gegeben, du kannst sie nach deinem Empfinden setzen. Natürlich gibt die Ausbildung, die du gemacht hast, einen gewissen Rahmen vor: Ein Studium ist beispielsweise per Definition theorielastiger als eine praktische Ausbildung. So kannst du die jeweiligen Aspekte an die entsprechende Arbeitsstelle anpassen und entweder die Theorie oder die Praxis in den Vordergrund rücken.

Aber auch im Rahmen der Ausbildung kannst du unterschiedliche inhaltliche Schwerpunkte setzen. Du könntest somit bei einer Stelle, bei der es um Datenverarbeitung geht, den Schwerpunkt deiner Ausbildung darauf legen, dass du diverse Module zum Thema "Datenverarbeitung" absolviert hast. Wenn es sich aber um eine kreative Stelle handelt, kannst du auf den textlastigen

Aspekt deines Studiums umsteigen und hervorheben, dass du sehr viele Texte bereits während des Studiums geschrieben hast.

Natürlich sind das jetzt einzelne Beispiele, aber die Aussage ist klar: Je nach Stelle und Unternehmen, je nach Ausbildung und dem damit zusammenhängenden Rahmen verändern sich auch die Schwerpunkte der Ausbildung. Du musst dich daher gut informieren, was bei der entsprechenden Stelle gefragt ist und die Angaben adäquat darauf abstimmen.

4. Wo habe ich Verbesserungspotential?

In diesem Punkt geht es vor allen Dingen um die Schwächen, nach denen durchaus häufig gefragt wird. Das hat damit zu tun, dass die Personalbearbeiter wissen wollen, wie der Bewerber mit "unpolierten" Informationen umgehen kann. Es ist einfacher, seine Stärken zu übertreiben als seine Schwächen zu untertreiben.

"Verbesserungspotential" – das ist ein Wort, das in diesem Fall Programm sein sollte. Das, was du als Schwäche für dich herausarbeitest, sollte veränderbar und optimierbar sein. Um das Beispiel maßlos zu übertreiben: Wenn du sagst, dass deine Schwäche deine Körpergröße ist, dann mag es in deinen Augen eine Schwäche sein, aber sonderlich berufsrelevant und optimierbar ist das nicht.

Es ist besser, auf Schwächen einzugehen, die sich aus dem Lebenslauf ergeben. Wenn du beispielsweise gerade mit dem Studium fertig geworden bist und noch keiner beruflichen Tätigkeit nachgegangen bist, kannst du sagen, dass deine Schwäche mangelnde oder unzureichende praktische Erfahrung ist. Du kannst ergänzen, dass du sehr motiviert bist, an dieser "Schwäche" zu arbeiten, indem du mit der Arbeit anfängst und auf diesem Wege dazulernst.

Man sagt häufig, dass Bewerber ihre Schwächen zu ihren Stärken machen sollten. Aber sowas wie z.B. "Perfektionismus" als Schwäche nennen, damit man gut dasteht, solltest du vermeiden: Personalbearbeiter hassen diesen einfachen Trick, kennen ihn auch schon und finden ihn nicht sonderlich einfallsreich.

Einen roten Faden zu entwickeln muss auch gekonnt sein!

Du wirst es mit Sicherheit kennen - man ist auf einer Party und wird einer Person vorgestellt. Es entsteht ein nervöser Smalltalk, die Person gegenüber redet ohne Punkt und Komma über ihre Ausbildung, ihre Arbeitsstelle, ihre Familie oder darüber, welche Sorte Eis sie am liebsten mag. Du stehst da und wartest, bis diese Situation einfach an dir vorbeigegangen ist. Jetzt stell dir vor, du müsstest immer wieder Menschen bei solchen unstrukturierten Monologen zuhören. Auf Dauer wird es nervig, macht schlechte Laune, das will also keiner. Und du kannst dir vorstellen, dass der Personalbearbeiter darauf auch keine Lust hat.

Natürlich kann man nicht von "DEM Personalbearbeiter" ausgehen. Man kann allerdings mutmaßen, dass die Fähigkeit, sich auf das Wesentliche zu fokussieren, von den meisten Personalbearbeitern geschätzt wird. So will kein Personalbearbeiter einen Monolog darüber hören, wie sehr du das Unternehmen magst, dich anschließend in Einzelheiten vertiefst, die Gründungsgeschichte runterratterst und dich danach im Unwesentlichen verlierst.

Um genau sowas zu vermeiden, solltest du dich vorher a) über das Unternehmen informieren und b) dich ausschließlich auf die wichtigen Informationen beschränken.

a) sich über das Unternehmen informieren

Es gibt unterschiedliche Möglichkeiten, sich über das entsprechende Unternehmen zu informieren. Je nach Größe und Reichweite kannst du dich über Pressestellen, Internetartikel oder die unternehmenseigene Website informieren. Meistens findest du dort alle Informationen, die das Gründungsjahr betreffen sowie die zusammengefasste Unternehmensphilosophie.

Somit sind die beliebtesten Recherchequellen das Internet sowie Pressemeldungen und Nachrichten. Darüber hinaus kann es sinnvoll sein, sich ein paar Broschüren anzuschauen, denn sie enthalten häufig spezifische Informationen zu aktuellen Ereignissen und Veranstaltungen, die du gut referieren kannst.

Wenn du persönliche Kontakte hast oder dich bei einem Arbeitsberater zusätzlich informieren möchtest, kannst du auch dort nützliche Informationen sammeln. Wie du sie in deine Bewerbung einbringst, erfährst du im weiteren Verlauf dieses Bewerbungsratgebers. Grundsätzlich ist es aber empfehlenswert, sich ausgiebig über das Unternehmen zu informieren und Interesse am Tagesgeschäft und den allgemeinen Tätigkeiten zu zeigen.

b) sich auf wesentliche Informationen beschränken

Wesentliche Informationen in diesem Fall können unterschiedlicher Natur sein. Beispielsweise kannst du in deiner Bewerbung auf die Informationen eingehen, die deine Interessen in Bezug auf das entsprechende Unternehmen hervorheben. Wenn du dich zum Beispiel bei einem Wohltätigkeitsverein bewirbst, dann kann es sinnvoll sein, wenn du dich auf (zahlreiche) Errungenschaften beziehst oder erwähnst, dass du das Engagement auf einem bestimmten Gebiet schätzt.

Setze deine Schwerpunkte bei der Selektion der Informationen auf die Aspekte, die dir selbst wichtig sind. Wenn du dich für Fortschritt und Innovationen interessierst, dann ist es sinnvoll, sich a) für ein Unternehmen zu entscheiden, das ebenso darauf Wert legt, und b) diese Priorität in der Bewerbung zu erwähnen. Ein Personalbearbeiter möchte wissen, warum der Bewerber sich bei Unternehmen A und nicht bei Unternehmen B bewirbt. Auch wenn es banal erscheint, zeigt die Fähigkeit, diese Präferenzen in einer Bewerbung zusammenzufassen und zum Ausdruck zu bringen, dass der Bewerber sich nicht willkürlich entscheidet und durchaus weiß, was er möchte.

Aber übertreib es nicht zu sehr: Ein zu übertriebenes Lob kann schnell übertrieben und unehrlich wirken. So könnte der Personalbearbeiter denken, dass du entweder schleimen möchtest oder gar keine Ahnung hast, was du über das Unternehmen sagen sollst. Allgemeine Aussagen mit einem geringen Informationsgehalt wie "Ihr Unternehmen ist das beste Unternehmen Deutschlands, deswegen möchte ich mich bei Ihnen bewerben ..." sind zu einfach. Achte daher darauf, durchaus wertvolle und aussagekräftige Informationen rüberzubringen, ohne es zu übertreiben!

Quelle:

https://www.bewerbung-tipps.com/bewerbungsvorbereitung.php

Wahl des Designs und des Tools für die Erstellung einer Bewerbung

Wie ich bereits in der Einleitung angedeutet habe, gibt es unterschiedliche Tools und Möglichkeiten, eine Bewerbung zu gestalten. In diesem Abschnitt gehe ich noch mal genau darauf ein, wie man die Tools verwendet und welche Vor- und Nachteile sie haben.

Word-Vorlagen

Word bietet im Rahmen des Schreibtools für Briefe, Postkarten, Visitenkarten und auch Bewerbungsunterlagen zahlreiche Vorlagen. Die Vorteile von Word-Vorlagen liegen auf der Hand. Sie sind kostenlos und meistens gut gestaltet. Du findest in der Palette der Layouts die unterschiedlichsten Angebote: Angefangen bei schrillen Farben bis hin zu schlichten, klassischen Bewerbungsunterlagen.

Dabei werden die Vorlagen teilweise benannt und geben darüber Auskunft, für welche Situationen und Berufsfelder die entsprechende Vorlage geeignet ist.

Das Prinzip ist an sich recht simpel:

- Öffne Word. Erstelle eine neue Datei.

- Wähle dabei keine leere Seite, sondern gehe auf den Teil, in dem man sämtliche Vorlagen findet.

- Du kannst nun die Suchoption nutzen und die Vorlagen für Bewerbungsunterlagen herausfiltern.

- Du kannst die Schriftgröße und Schriftart verändern. Das ist allerdings nicht zu empfehlen. Die Formatierung ist bereits einheitlich eingestellt und sollte daher nicht nach Lust und Laune verändert werden.

- Speichere die Datei noch vor der Bearbeitung, damit die Ergebnisse während der Bearbeitung nicht verloren gehen.

- Lade die Datei als PDF herunter, wenn du sie anschließend per E-Mail verschicken möchtest. **Achtung:** Es ist wichtig, dass du kein DOC oder DOCX-Format verschickst. Dieses ist nicht dokumentenecht und wird wahrscheinlich nicht durchgehen.

- Speichere die unterschiedlichen Variationen und die Grunddatei in einem Ordner, um Struktur in den Vorbereitungsprozess reinzubringen. Diese kann sich für dich später als nützlich erweisen.

Die Nachteile von Word-Vorlagen wurden in der Einleitung mehr oder minder erläutert. Sie könnten als unkreativ und standardmäßig erscheinen. Das ist in kreativen Berufen bedenklicher als in Berufen, in denen das Layout weniger eine Rolle spielt.

Xing-Vorlagen

Xing ist einer der größten Anbieter von kostenlosen Bewerbungsvorlagen auf dem deutschen Internetmarkt. Es werden sehr viele unterschiedliche Vorlagen angeboten, die auf zahlreiche berufliche Ausrichtungen abgestimmt sind. Darüber hinaus kannst du dich auf der Plattform anmelden und die Bewerbung wie in der Cloud speichern. So kannst du von überall auf die Bewerbungsvorlage zugreifen und bist nicht auf einen USB-Stick oder ein bestimmtes Endgerät angewiesen.

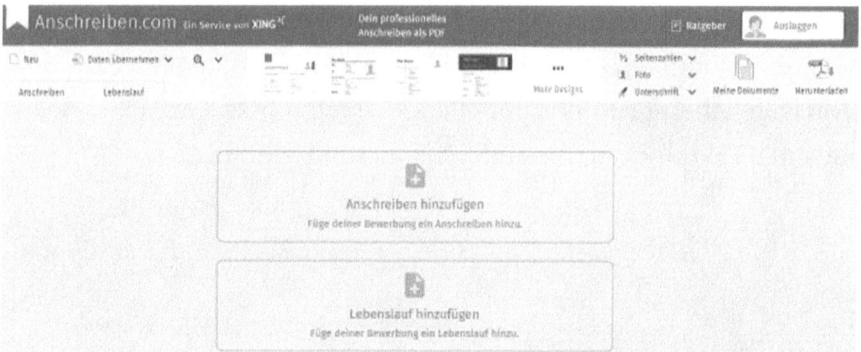

Nach der Anmeldung kannst du auf der Plattform ein Anschreiben und einen Lebenslauf erstellen. Das bevorzugte Design wählst du in der Leiste mit den Mustervorlagen. Du kannst eine neue Datei erstellen oder Daten von einer bereits vorhandenen Datei übernehmen, die du hochladen kannst.

Ebenso ist es möglich, ein Foto einzufügen sowie eine digitale Unterschrift hochzuladen. Insgesamt lässt sich sagen, dass die Vorlagen von Xing sowie die Plattform an sich viele Vorteile bieten und sehr praktisch sind. Der übliche Nachteil kann wie auch bei Word-Vorlagen die Beliebtheit sein, die dazu führt, dass sehr viele Bewerber die gleichen Unterlagen nutzen.

Anschließend kannst du die Unterlagen beliebig oft als PDF herunterladen. Du kannst auch dein Profil mit deinem Lebenslauf verknüpfen, falls du Xing noch anderweitig nutzen möchtest.

Andere Tools

Word und Xing sind aber bei Weitem nicht die einzigen Anbieter, die Bewerber beim Bewerbungsprozess mit kostenlosen Vorlagen unterstützen. Karrierebibel, eine der größten Websites in Deutschland, die sich mit dem Thema „Bewerbung schreiben und Co." auseinandersetzt, bietet ebenso kostenlose Vorlagen im Word-Format an.

Dort findest du Vorlagen für Initiativbewerbungen, Bewerbungen auf Ausbildungsstellen oder Vorlagen für Motivationsschreiben. Die Vorlagen helfen nicht nur mit einem vorgefertigten Design, sondern auch mit Textblöcken, die eine Orientierungshilfe bieten.

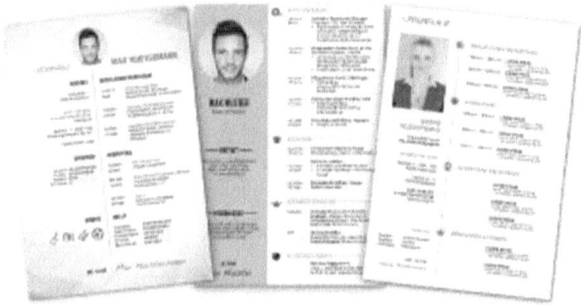

Musterdesigns für Anschreiben, Lebenslauf, Deckblatt - als WORD- oder PDF-Datei

https://karrierebibel.de/bewerbung-vordrucke-kostenlos/

Die in diesem Bewerbungsratgeber vorgestellten Tools sind natürlich nicht die einzigen, die es gibt, sondern nur eine exemplarische Auswahl. Wenn du auch andere Vorlagen suchen und finden möchtest, kannst du das entsprechende Stichwort in einer Suchmaschine eingeben und dich durch zahlreiche Ergebnisse durchklicken. Im Endeffekt solltest du eine Vorlage finden, die dir optisch zusagt, nicht zu viel Schnickschnack enthält und die Informationen vernünftig und überschaubar sortiert.

Bewerbungsmappe zusammenstellen – einfach getan!

Heutzutage sind Bewerbungsmappen nicht mehr ganz so üblich. Während es früher selbstverständlich war, dass die Bewerber eine Bewerbung schreiben, ausdrucken, sie in eine Mappe legen und die Bewerbungsmappe anschließend per Post verschicken oder persönlich überbringen, gibt es mittlerweile digitale Methoden, die häufig verbreiteter sind.

Nichtsdestotrotz bedeutet das nicht, dass das Konzept der Bewerbungsmappe ausgestorben ist. Auch wenn die meisten Bewerbungen elektronisch versendet werden, erwarten nach wie vor viele Personalbearbeiter, dass der Bewerber eine Bewerbungsmappe zum Gespräch mitbringt. Aber auch darüber hinaus kann es eine sinnvolle Strategie sein, sich im Gegensatz zu den meisten anderen Bewerbern auf diesem Wege zu bewerben. In vielen akademischen Berufen ist es nach wie vor üblich, eine Bewerbungsmappe einzureichen.

Wenn die Bewerbung die Visitenkarte ist, dann ist die Bewerbungsmappe die Visitenkarte der Visitenkarte. Es gibt Mappen in den unterschiedlichsten Ausführungen. Sofern du eine Bewerbungsmappe einreichen möchtest oder musst, sieht der Personalbearbeiter sie, noch bevor er deine Bewerbung begutachtet.

So kannst du dich beispielsweise für eine schwere, stabile Kartonmappe mit Echt- oder Kunstlederüberzug entscheiden, für eine schlichtere Plastikmappe oder einen Klemmhefter. Die Verarbeitung der Mappe, für die du dich entscheidest, hängt unter anderem davon ab, wie viel Geld du in den Bewerbungsprozess investieren möchtest.

Wenn du dich auf Masse bewirbst, also viele Unternehmen anschreibst und somit deine Chancen erhöhen möchtest, kann es jedoch teuer werden, jedes Mal eine hochwertige, massive Mappe zu kaufen. Wenn du dich aber gezielt auf eine bestimmte Stelle bewirbst, so kann es durchaus sinnvoll sein, etwas mehr Geld in die Mappe zu investieren.

Es ist also abhängig davon, für welche Stellenausschreibung du dich bewerben möchtest und ob du aufgrund von Vorhaben eine Bewerbungsmappe brauchst oder nicht. Daher solltest du dir vorab die nötigen Informationen einholen. Hier aber einige allgemeine Hinweise:

- Meistens brauchst du eine Bewerbungsmappe, wenn du dich auf Stellen bewirbst, für die du bereits eine Ausbildung absolviert hast und du nun einen Einstieg ins Berufsleben suchst oder deinen aktuellen Job wechseln möchtest. Wenn du dich auf ein Universitätspraktikum, eine studentische Aushilfsstelle oder eine Ausbildungsstelle bewirbst, brauchst du in der Regel keine Bewerbungsmappe.

- Für welche Mappe du dich entscheidest, solltest du davon abhängig machen, wie du das Unternehmen und seine Ansprüche einschätzt. Wenn es sich um ein Unternehmen mit viel Renommee handelt, kann es sinnvoll sein, sich für eine teurere und präsentable Bewerbungsmappe zu entscheiden. Schließlich bewirbt man sich auf hohe Stellen in renommierten Unternehmen in der Regel nicht auf Masse, da es gar nicht so viele davon gibt. Auch wenn du in diesem Unternehmen bereits arbeitest und dich auf eine Beförderung bewerben möchtest, kann es sinnvoll sein, eine elaborierte Bewerbungsmappe einzureichen.

- Bei so gut wie allen Nebenjobs, Ferienjobs und anderen kleinen Stellen reicht es aus, sich digital zu bewerben, da die Kontemplation einer Bewerbungsmappe zu viel Zeit in Anspruch nimmt, die sich Personalbearbeiter für kleine Stellen kaum nehmen werden.

Was für alle Bewerbungsmappen wichtig ist, seien sie aus Kunststoff oder Karton: Sie sollten auf jeden Fall schlicht, in klassischen Farben ausgeführt und auf keinen Fall mit irgendwelchen Mustern oder Bildern ausgeschmückt sein. Auch wenn du eine kreative Ader hast und beabsichtigst, die Bewerbungsmappe individueller zu präsentieren, erweckt das meistens nur den Eindruck, nicht seriös zu sein.

Klemmhefter

Klemmhefter sind die einfachste Variante einer Bewerbungsmappe. Während sich ein Schnellhefter nicht dafür eignet, weil man die Unterlagen lochen müsste, was nicht zulässig ist, ist ein Klemmhefter stabiler und sieht solider aus.

Einige Personalbearbeiter bevorzugen Klemmhefter, weil sich die Unterlagen einfach und schnell entnehmen lassen. Zudem sind sie leicht zu handhaben und nehmen nicht zu viel Platz weg. Darüber hinaus kann eine durchsichtige oder matte Mappe schon vorab einen Eindruck von den Bewerbungsunterlagen ermöglichen. Dadurch sehen sie häufig moderner aus und sind zusätzlich praktisch in der Handhabung. Gerade Personalbearbeiter, die die Bewerbungsunterlagen gerne herausnehmen, bevorzugen leichte Klemmhefter.

Auch für den Bewerber haben Klemmhefter einige Vorteile. Zum einen sind sie deutlich kostengünstiger als massive Karton- oder Ledermappen. Zum anderen wirken sie schlicht und seriös.

Aber die Vorteile können natürlich, wie so häufig, in Nachteile umschlagen. Wenn du auf einen Personalbearbeiter triffst, der sehr viel Wert auf eine klassische, schwere Bewerbungsmappe legt, kann er den Eindruck bekommen, dass du ein "Geizkragen" bist. Ein Plastikhefter erweckt schnell den Eindruck einer schlechten Verarbeitung. Auch wenn der zuständige Personalbearbeiter die Bewerbungsunterlagen eher ungerne aus dem Ordner herausnimmt, kann die breite Klammer des Hefters im Weg sein und einen Teil der Buchstaben am linken Rand verdecken.

Quelle: pixabay kein Bildnachweis nötig, freie kommerzielle Nutzung

Es gibt auch bei Klemmheftern Unterschiede. Eine umweltfreundliche Alternative zu Kunststoffheftern sind Klemmhefter aus Pappe bzw. Karton. Allerdings fehlt der optische Eindruck der Bewerbung, den der Personalbearbeiter sich schon vor dem Reinschauen verschaffen kann.

Mappe aus Karton

Quelle:

pixabay, kein Bildnachweis nötig, freie kommerzielle Nutzung

Klassische Bewerbungsmappen aus Karton bestehen aus drei Teilen, die zu einer stabilen Mappe zusammengeklappt werden. Die Bewerbungsunterlagen werden in die Mappe eingelegt und können vom zuständigen Personalbearbeiter gesichtet werden, ohne dass er sie aus der Mappe herausholen muss. Das ist besonders praktisch, wenn der entsprechende Personalbearbeiter die Unterlagen am liebsten nebeneinander ausbreitet, ohne sie aus der Mappe zu nehmen.

Wie bereits erwähnt, erfreuen sich solche Bewerbungsmappen gerade in akademischen Berufen einer großen Beliebtheit. Auf der ersten Seite wird dabei das Anschreiben platziert, auf der zweiten befindet sich der Lebenslauf und auf der dritten findet der Personalbearbeiter alle relevanten Zeugnisse und Abschlüsse.

Nachteilig für die Personalbearbeiter ist der Aspekt, dass solche Bewerbungsmappen häufig sperrig in der Handhabung sind. Der Bewerber hingegen muss etwas mehr Geld ausgeben und hat höhere Kosten als bei einer normalen Klemmmappe. Letztendlich werden solche Mappen aber hin und wieder erwartet und es ist besser, sich an diese Erwartung zu halten.

https://bewerbung.net/bewerbungsmappe/

Bewerbungsfoto – say cheese!

Ein wichtiger Schritt in der Vorbereitung auf die Bewerbung ist das Bewerbungsfoto. Das Bewerbungsfoto unterliegt gewissen Konventionen, die du unbedingt einhalten solltest, wenn du die Materialien für deine Bewerbungsunterlagen vorbereitest.

Mittlerweile sind Bewerbungsfotos in Deutschland keine Pflicht mehr. Das heißt, dass du theoretisch das Foto vollständig weglassen dürftest, ohne deswegen benachteiligt zu werden. In der Praxis ist diese Strategie allerdings nicht sonderlich zielführend. Wie bereits am Anfang des Buches beschrieben, kann ein Foto einen Bewerber aufgrund von verschiedenen Aspekten benachteiligen. Anonyme Bewerbungen sind aber noch lange kein Selbstläufer; so disqualifiziert man sich eher, als dass man sich interessant macht, indem man kein Foto beifügt.

Personalbearbeiter möchten sich nämlich gerne ein Bild von dem jeweiligen Bewerber verschaffen. Und das geht, abgesehen von dem Bewerbungsanschreiben und der restlichen Präsentation, über das Bild nach wie vor am besten.

Es ist daher wichtig, dass Bild in einer guten Qualität zu halten und günstig zu platzieren. Was überhaupt nicht geht, sind Fotos, die du in deiner Freizeit aufgenommen hast. Der Ratschlag mag trivial erscheinen, tatsächlich kommen aber regelmäßig Bewerber auf die Idee, Freizeitfotos in Bewerbungen zu platzieren. Mit einem solchen Foto disqualifiziert man sich eigentlich sofort.

Aber welche Merkmale kennzeichnen ein gutes Bewerbungsfoto? Das wären grob zusammengefasst:

- Kleidung
- Frisur
- Bildausschnitt und Bildformat
- Make-Up und Schmuck
- Mimik
- Farbe

Im Folgenden gehe ich auf die einzelnen Aspekte ein und erläutere, was du jeweils beachten solltest.

Kleidung

Wenn du nicht weißt, welche Kleidung auf dem Bewerbungsfoto angebracht ist, dann kannst du dich an der Kleidung orientieren, die üblicherweise in der Branche getragen wird. Sollte es strenge Kleidungsvorschriften geben, wie beispielsweise Anzüge bei Männern und Blusen bei Frauen, dann solltest du eben solche Kleidungsstücke auf dem Bewerbungsfoto ablichten. Da man auf dem Foto in der Regel nur den oberen Ausschnitt sieht, reicht es meistens aus, sich nur obenrum passend anzuziehen.

Wenn du dich auf unkonventionelle Stellen oder in einem nicht ganz so klassischen Unternehmen bewirbst, kannst du dich auch lockerer kleiden. Es kommt eben, wie so oft, auf den Anlass und Kontext an.

Natürlich solltest du darauf achten, dass sich keine Flecken auf den Kleidungsstücken befinden und dass die Kleidung insgesamt ordentlich wirkt, auch wenn es sich um ein etwas unkonventionelles Outfit handelt.

So unkonventionell dein Outfit auch ausfallen mag: Zu viel Haut zeigen ist in der Regel nicht angesagt. Die Schultern sollten auf jeden Fall verdeckt sein! Auch Hemden sollten bis auf den letzten Knopf zugemacht sein, auch wenn es anders lässiger wirkt.

Manche Fotografen stellen sogar zu Bewerbungsfotos passende Kleidung zur Verfügung, sodass du dich vor Ort beraten lassen kannst. Das ist aber, wenn du dich am gesunden Menschenverstand orientierst, in der Regel nicht notwendig.

Frisur

Nicht nur die Kleidung, sondern die Haare sollten sitzen. Das bedeutet nicht, dass du dir eine neue Frisur zulegen musst oder eine frische Haarfarbe, sondern vielmehr solltest du darauf achten, dass die Haare ordentlich frisiert sind. Sie sollten nicht in alle Richtungen abstehen oder ungekämmt sein. Es ist sogar empfehlenswert, sie etwas über den Alltag hinaus zu stylen.

Du solltest hierbei aber nicht übertreiben. Die Frisur, die man auf deinem Bewerbungsfoto sieht, sollte nicht zu extravagant sein und zu deinem normalen Stil passen. Du musst dir also keine Abendfrisur zulegen, da diese Maßnahme etwas übertrieben wäre.

Empfehlenswert sind Frisuren, bei denen man das Gesicht gut erkennen kann. Merk dir: Du bist nicht auf dem Laufsteg. Die Haare haben auf einem Bewerbungsfoto nichts im Gesicht verloren und müssen nicht verrucht aussehen. Im Grunde genommen handelt es sich um klassische Frisuren wie ein Pferdeschwanz, ein Zopf oder nach hinten gelegte Haare. Offene Haare können schön wirken, sind aber bei manchen Stellen nicht unbedingt vorteilhaft. Wenn du sehr lange Haare hast, solltest du ihren Reiz nicht zu sehr betonen. Das könnte den Eindruck erwecken, dass du dein Äußeres nutzt, um von diversen Qualifikationen oder nicht ausreichenden Qualifikationen abzulenken.

Bildausschnitt und Bildformat

Du kannst mit dem Bildausschnitt und dem Bildformat spielen, um dich von den anderen Bewerbern abzuheben. Das klassische Bildformat ist: Hochformat, 6 cm Höhe und 4,5 cm Breite. Du solltest aber im Hinterkopf behalten, dass es eigentlich kein vorgegebenes Format für das Bewerbungsfoto gibt. Und darin besteht der Spielraum. Das Foto sollte nicht zu groß werden, denn das kann schnell eingebildet oder wie ein Ablenkungsmanöver wirken. Etwas größere Bilder oder Querformate können aber herausstechen und den Personalbearbeiter optisch ansprechen. Das Format kann auch individuell an das Layout der Bewerbung angepasst werden, was sehr durchdacht wirken kann. Es gibt aber durchaus noch eine Menge Personalbearbeiter, die das klassische Hochformat und die klassische Größe bevorzugen.

Der Bildausschnitt zeigt meistens das Gesicht, also den gesamten Kopf sowie die Schultern des Bewerbers; das Dekoltee hat auf dem Bewerbungsfoto meistens keinen Platz und kann eher irreführend wirken. Mittlerweile bieten manche Fotografen die Option an, dass der Kopf leicht "angeschnitten" ist. So wird der Fokus auf das Gesicht gelenkt und bietet eine interessante Perspektive. Damit kann man durchaus Bonuspunkte erreichen, wenn auch auf einer subtilen Ebene. Ein solches Foto sollte aber gut gemacht sein, denn sonst könnte es einfach wie ein Schnittfehler wirken.

Make-up und Schmuck

Wenn du dich gerne schminkst, solltest du beim Bewerbungsfoto an Make-up etwas sparen. Ein schlichtes und unauffälliges Make-up, das das Gesicht erfrischt, gegebenenfalls die Augenringe verschwinden lässt oder die Lippen leicht betont, kann vorteilhaft wirken. Knallige Farben und auffällige Konturen wirken aber eher unpassend und sollten daher weggelassen werden.

Wenn du eine Foundation o.ä. verwendest, solltest du unbedingt darauf achten, dass es keine Farbunterschiede zwischen Hals und Gesicht gibt. Im Alltag fallen solche Unstimmigkeiten wegen der Lichtgebung nicht so stark auf, bei einem Foto allerdings umso mehr. Da das Licht meistens künstlich erzeugt wird, können sich solche Unstimmigkeiten sehr deutlich zeigen.

Das Gleiche gilt auch für den Schmuck: Riesige Ohrringe, dicke Ketten o.ä. sollten Attribute der Freizeit bleiben. Auf dem Bewerbungsfoto solltest du auf aufdringlichen Schmuck verzichten und dezente Accessoires wählen.

Auch eine Krawatte, Manschettenknöpfe u.ä. sollten nur getragen werden, wenn es um eine Führungsposition geht. Oder wenn du weißt, dass das Unternehmen einen solchen Schmuck erwarten könnte. Zudem passen solche Schmuckstücke meistens ausschließlich zu einem Anzug. Die Regel ist daher recht einfach: Kein Anzug, also auch keine Krawatte etc.

Piercings können je nach Berufsfeld erwünscht oder unerwünscht sein. In kreativen Branchen ist es meistens egal, wenn du dich z.B. als Piercer oder Tätowierer bewirbst. Wenn es aber um eine Stelle als Bankangestellter oder Manager geht, kann es nach hinten losgehen: Muss es aber nicht! Mittlerweile gibt es Unternehmen, die Tattoos und Piercings auch bei solchen Stellen dulden bzw. nicht berücksichtigen. In dem Fall ist es natürlich von Vorteil, zu wissen, wie der zuständige Personalbearbeiter drauf ist. Da man es nicht immer oder sogar meistens nicht wissen kann, solltest du auf Nummer sicher gehen und Piercings beim Bewerbungsfoto rausnehmen.

Mimik

Die Mimik ist wohl einer der entscheidendsten Faktoren bei einem Bewerbungsfoto. Sie erzählt etwas über den Bewerber, kann den Sympathiefaktor beeinflussen und kann der Spiegel deines Charakters werden. Ein Lächeln macht sich immer gut, denn das ist wohl einer der Aspekte, der zeigt, wie der Bewerber gesinnt ist. Aber auch hier: Das Lächeln sollte nicht zu überzogen, künstlich oder übertrieben wirken. Du gehst ja auch nicht mit einem überzogenen Lächeln zum Bewerbungsgespräch. Das würde nur irritieren und der Personalbearbeiter würde sich fragen, ob mit dir alles in Ordnung ist.

Eigentlich solltest du deine Mimik danach ausrichten, wie du sie beim persönlichen Vorstellungsgespräch formen würdest. Authentizität zahlt sich aus, macht sympathisch und wirkt ehrlich.

Manchmal kann auch ein ernster Gesichtsausdruck vorteilhaft sein. Wenn es dein natürlicher Gesichtsausdruck ist, können sich auch hier die Authentizität und Ehrlichkeit bezahlbar machen.

Farbe

Bewerbungsfotos können schwarz-weiß oder farbig sein. Farbige Bewerbungsfotos sind weiter verbreitet und erzeugen einen etwas freundlicheren Eindruck. Schwarz-weiß-Fotos wirken seriöser und ernster und können je nach Situation passender sein. Hier solltest du nach deiner Intuition gehen und überlegen, welchen Effekt du mit dem Foto erzeugen möchtest.

Wichtig ist, dass das Bewerbungsfoto klar und deutlich ist. Wenn du dich für ein schwarz-weißes Foto mit einem hellen Hintergrund entscheidest, solltest du ein dunkles Hemd oder Bluse anziehen. Handelt es sich um ein farbiges Foto, sollte das entsprechende Kleidungsstück nicht die gleiche Farbe haben wie der Hintergrund.

Vermeide ebenso bissige Kontraste wie roten Lippenstift und grüne Bluse. Die Farben sollten, ähnlich wie bei der Bewerbungsmappe, klassisch gehalten werden und schlicht sein. Also: Nicht zu viel Aufregung auf der Farbpalette!

Insgesamt solltest du darauf achten, dass das Foto zu dir passt. Der Personalbearbeiter, der dich zum Vorstellungsgespräch einlädt, sollte dich in der Realität anhand des Fotos wiedererkennen können. Alles andere, was mit Photoshop nachgebessert oder sehr veraltet ist, wirkt unglaubwürdig und kann Misstrauen erwecken.

Verwende für Bewerbungsfotos auf keinen Fall Passbilder oder Bilder aus Automaten! Sie wirken zu amtlich, steif und eignen sich grundsätzlich nicht für Bewerbungen.

Es gibt zudem noch einige Tricks, die du anwenden kannst, um deinen Blick spannender und fesselnder zu machen.

- Wenn du die unteren Augenlider etwas "anhebst", also quasi blinzelst, ohne die Augen zu schließen, wirkt der Blick selbstbewusster und freundlicher.

- Wenn du generell keine Fotos magst, aber beim Bewerbungsfoto das "Augen zu und durch"-Prinzip anwendest, dann kann es passieren, dass der Gesichtsausdruck sehr unnatürlich und verkrampft aussieht. Auch kann der Blick zu fokussiert geraten, wenn du direkt in die Kamera schaust. Um diese Effekte zu vermeiden, kannst du dir einen anderen Fixpunkt suchen, den du anschaust. Am besten rechts oder links an der Kamera vorbei auf Augenhöhe.

Und der letzte Punkt: Suche dir einen guten Fotografen. Woran du einen guten Fotografen erkennst? Er wird mit dir alle zuvor genannten relevanten Aspekte eines Bewerbungsfotos besprechen und sich Zeit für ein Bewerbungsshooting nehmen. So kannst du unterschiedliche Positionen, Outfits und Hintergründe testen, bis ein zufriedenstellendes Ergebnis herauskommt.

Quellen:

https://bewerbung.com/bewerbungsfoto/

https://karrierebibel.de/bewerbungsfoto/

Anfertigung

Nun kommen wir zum inhaltlichen Teil, der relevant wird, wenn du die Bewerbung schreibst. Hier soll es darum gehen, die übliche Struktur vom Anschreiben durchzugehen und zu erörtern, wie du einen optimalen und übersichtlichen tabellarischen Lebenslauf erstellst.

Deckblatt

Das Deckblatt kommt entweder vorne in die Bewerbungsmappe oder ist die erste Seite in der PDF-Datei, wenn du die Bewerbung digital verschickst. Es ist im Prinzip sehr einfach, ein Deckblatt zu erstellen. Es sollte auf jeden Fall das gleiche Layout haben wie die restliche Bewerbung auch. Das heißt, dass die Schrift und Farbgebung harmonieren sollten.

Was gehört auf das Deckblatt? Folgendes sollte dort auf jeden Fall zu finden sein:

- Auf dem Deckblatt sollte stehen, ob es sich um eine Bewerbung oder eine Initiativbewerbung handelt.

- Dein Name sowie die Anschrift, eine Kontaktnummer und eine E-Mail sollten ebenso auf dem Deckblatt zu finden sein.

- Du kannst dein Foto auf dem Deckblatt platzieren und es anschließend auf dem Lebenslauf weglassen. Wenn du das Foto aber im Lebenslauf einfügen möchtest, solltest du das Deckblatt vollständig weglassen.

Der Vorteil eines Deckblattes ist, dass es die volle Konzentration auf das Bewerbungsfoto lenkt und einen Eindruck ermöglicht, noch bevor der Lebenslauf auf dem Tisch liegt. Gerade bei

Bewerbungsfotos im Querformat ist es häufig sinnvoll, das Bewerbungsfoto auf einem Deckblatt zu platzieren.

Quelle:

https://www.tt-bewerbungsservice.de/bewerbung/bewerbungstipps/bewerbungsfoto/wohin-gehoert-das-bewerbungsfoto.html

Lebenslauf

Der Lebenslauf dient dazu, deinen persönlichen Werdegang übersichtlich und kompakt darzustellen. Dabei ist er in unterschiedliche formale und inhaltliche Aspekte unterteilt. Zu den formalen Aspekten gehören:

- das Bewerbungsfoto
- die Kontaktdaten
- persönliche Angaben
- Datum und Ort sowie
- eine Unterschrift

Zu den inhaltlichen Aspekten gehören:

- Ausbildung
- Berufserfahrung
- Fortbildungen sowie
- besondere Kenntnisse und Qualifikationen. Diese werden üblicherweise unterteilt in
    - Sprachkenntnisse

- IT-Kenntnisse und
- Führerschein (optional)
* Hobbys

Bewerbungsfoto

Wie du das Bewerbungsfoto aufnimmst, weißt du bereits. Nun geht es darum, wie es im Lebenslauf anzubringen ist. Die meisten Layouts geben bereits einen Platzhalter für ein Foto her. Das kann praktisch sein, denn sie sind bereits so konzipiert, dass das Foto in das Layout harmonisch reinpasst. Unpraktisch kann so ein Platzhalter werden, wenn er nicht flexibel ist und das Bewerbungsfoto ein alternatives Format hat. Dann musst du dir überlegen, ob du dich nicht für ein anderes Layout entscheidest.

Du solltest das Foto nicht mit einer Büroklammer an den Lebenslauf heften oder einfach nur beilegen. Es sollte auf jeden Fall auf dem Lebenslauf als Einheit drauf sein. Daher solltest du dich, sofern du eine Bewerbungsmappe per Post verschickst, um ein hochwertiges Papier bemühen. Am besten eignet sich hierfür ein etwas festeres Hochglanzpapier. Das normale Druckerpapier verblasst die Farben und kann die Kontraste nachteilig verändern.

Wenn dein Drucker keine sonderlich hohe Qualität hat, solltest du die Ausdrucke in einem Copy Shop vornehmen. Du kannst den Mitarbeitern sagen, dass du Bewerbungsunterlagen ausdrucken möchtest; wahrscheinlich können sie dir bei weiteren Details behilflich sein.

Wenn du dich online bewirbst, kannst du das Foto als einzelne PDF-Datei anhängen und es dafür auf dem Layout des Lebenslaufs weglassen. So schlägst du zwei Fliegen mit einer Klappe: Der

Personalbearbeiter hat ein Gesicht zu der Bewerbung und bezieht es nicht ununterbrochen in die Überlegungen mit ein, wenn er sich den Lebenslauf anschaut.

LEBENSLAUF

PERSÖNLICHE DATEN

Name	Henrik Henriksson
Adresse	Musterstraße 12
	12345 Musterstadt
Mobil	1234 567890
E-Mail	email@email.de
Geburtsdatum / -ort	27.05.1982 Musterstadt
Familienstand	geschieden, ein Kind

So könnte ein Bewerbungsfoto in den Lebenslauf eingefügt werden. Wenn du dich allerdings für ein Querformat entschieden hast, wäre dieses Layout nicht optimal, da das Bild zu sehr in den Text reinragen würde.

Kontaktdaten und persönliche Daten

Persönliche Daten sind wichtig, damit der Personalbearbeiter dich kontaktieren kann und im Groben weiß, wer du bist. Dazu gehören bei den persönlichen Daten:

- die Anschrift (Straße, Hausnummer, Postleitzahl und Ort)
- E-Mail-Adresse
- Kontaktrufnummer
- und ggf. eine Website

Bei der E-Mail-Adresse ist es wichtig, dass sie seriös klingt. "lissy_engel96@hotmail.de" eignet sich nicht als Kontakt E-Mail. Am besten ist eine E-Mail, die die Form "name.vorname@email.de" oder "vorname_name@email.de" hat o.ä. Solltest du keine solche Mail haben, solltest du dir eine erstellen. Es ist sowieso von Vorteil, eine Arbeitsmail zu haben und keine private Mail zu verwenden.

Unter der Kontaktrufnummer gibst du am besten diejenige ein, über die du am häufigsten erreichbar bist. Es ist zweckfrei, die Festnetznummer anzugeben, wenn du sowieso nie zu Hause bist, nie ans Telefon gehst oder den Stecker schon vor Jahren aus der Dose gezogen hast, weil dich darüber nur deine Mutter anruft.

Eine Handynummer ist mittlerweile sehr verbreitet, denn man ist darüber am häufigsten und sehr flexibel erreichbar. Solltest du noch zu Hause wohnen, so kannst du zusätzlich unangenehme Situationen vermeiden: zum Beispiel solche, wo du von der potentiellen Arbeitsstelle angerufen und zum Vorstellungsgespräch eingeladen wirst und vor dir deine Eltern oder Geschwister ans Telefon gehen.

Wenn du eine eigene Website hast, kannst du sie ebenso in deinem Lebenslauf angeben. Vor allen Dingen bei kreativen Berufen oder Dienstleistungen kann die Website einen sehr guten und tiefgehenden Einblick verschaffen. Darüber hinaus bietest du eine weitere Möglichkeit für den Backgroundcheck, falls ein solcher stattfinden sollte.

Wie du deine persönlichen Informationen und Kontaktdaten in einem Lebenslauf darstellen kannst, siehst du weiter oben in der Darstellung.

Abgesehen von diesen Angaben, sollten auf dem Lebenslauf:

- dein Vor- und Nachname und
- dein Geburtsdatum stehen.

Alle anderen Angaben sind optional. Gerade im Hinblick auf zahlreiche Studien, die zeigen, dass Ausländer bei Bewerbungsverfahren häufig benachteiligt werden, kannst du auf deinen Geburtsort und Staatsbürgerschaft verzichten, sofern sie außerhalb von Deutschland oder in den Ländern liegen, die besonders "gerne" benachteiligt werden. Das ist natürlich nicht schön und sollte nicht begünstigt werden, aber gerade wenn man das weiß, kann man dieses "Fettnäpfchen" zumindest umgehen.

Auch der Familienstand gehört nicht zu den Pflichtangaben und kann daher je nach Lust und Laune weggelassen werden. Schließlich möchtest du dich nicht auf ein Date verabreden, sondern dich auf eine Arbeitsstelle bewerben.

Unterschrift

Bei der Art der Unterschrift kommt es darauf an, ob du die Bewerbung analog oder digital einreichst. Wichtig ist, dass die Unterschrift nicht fehlen darf. Da Bewerbungsunterlagen wortwörtlich Unterlagen sind, müssen sie auf jeden Fall signiert werden.

Wenn du die Bewerbung analog, also per Post oder persönlich einreichst, unterschreibst du am besten mit einem Kugelschreiber. Füllertinte kann man spurlos verschwinden lassen (zumindest die, die man mit einem Tintenkiller wegwischen kann) und ein Bleistift eignet sich augenscheinlich ebenso wenig. Daher verwendest du am besten einen schwarzen oder einen blauen Kugelschreiber. Alle anderen Farben sind nicht dokumentenecht oder werden zumindest nicht akzeptiert.

Sofern du die Bewerbung digital versendest, solltest du dich für eine digitale Unterschrift entscheiden. Diese kannst du auf unterschiedliche Arten und Weisen anfertigen. Entweder du signierst ein weißes Blatt Papier und scannst die Unterschrift ein. Anschließend kannst du sie als

JPG-Format speichern und in deiner Bewerbung einfügen. Sie sollte in dem Fall eine sehr gute Auflösung haben und darf auf keinen Fall verpixelt oder undeutlich sein. Im Grunde genommen muss sie so aussehen, als hättest du das digitale Dokument mit einem Kugelschreiber unterschrieben.

Wenn dein Scanner eine nicht ganz so gute Auflösung hat oder dir diese Möglichkeit als sehr umständlich erscheint, kannst du auch digitale Tools verwenden, um deine Unterschrift zu erstellen.

Digitale Unterschrift: Zeichenfunktion von einem Schreibprogramm

Du kannst im Prinzip in jedem Office- oder Schreibprogramm die Zeichenfunktion nutzen, um deine Unterschrift zu erstellen. Hier zeige ich dir, wie du das mit Google Docs machen kannst. Aber genauso kannst du das auch mit Word oder LibreOffice nachstellen.

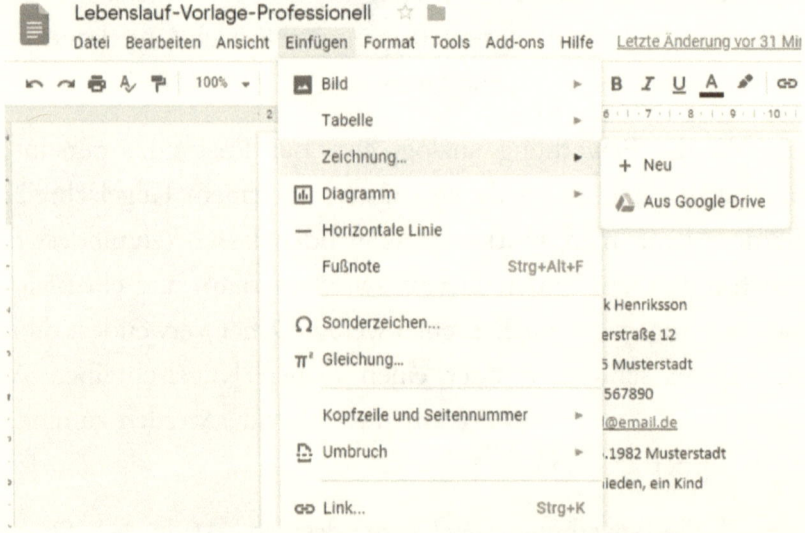

Gehe auf "Einfügen" und anschließend "Zeichnung -> neu". Dann öffnet sich das Zeichenfenster. Darin kannst du deine Unterschrift eintragen:

Am Ende einfach auf "Speichern und Schließen" klicken und schon hast du deine digitale Unterschrift eingefügt.

In anderen Programmen heißt die Funktion "Zeichenfunktion", diese findest du in der Menüleiste. Das Prinzip bleibt aber dasselbe. So kann dann das fertige Ergebnis aussehen:

Musterstadt, 31.08.2018
- Unterschrift -

Inhaltliche Aspekte

In diesem Abschnitt widmen wir uns den inhaltlichen Aspekten des Lebenslaufs, also vor allen Dingen den Fragen, was in einen optimalen Lebenslauf gehört. Zunächst ist es wichtig, dass alle Daten, die du im Nachfolgenden eintragen wirst, immer wie folgt sortiert sein sollten:

1. Chronologisch

    Alle Ereignisse und Etappen deiner beruflichen und allgemein persönlichen Laufbahn sollten chronologisch sortiert sein. Es sollten idealerweise keine Lücken vorhanden sein. Lücken im Lebenslauf werden häufig als Phasen von Untätigkeit interpretiert, was bei einem ersten Eindruck nicht besonders förderlich ist. Auch wenn du mal ein Jahr auf Reisen warst, kannst du das in deinem Lebenslauf entsprechend kennzeichnen.

    Falls du aus gesundheitlichen Gründen eine Phase hattest, in der du keiner Tätigkeit nachgegangen bist, kannst du das im Anschreiben erwähnen. Insofern kannst du eine Lücke nur schwerlich vermeiden.

    Darüber hinaus sollten die Angaben sorgfältig sortiert sein, d.h., nach Datum. Achte darauf, dass du keine Abfolgen hast, in denen die Ereignisse nicht aufeinander aufbauen. Das ist nicht nur unübersichtlich, sondern auch nicht sonderlich seriös. Vielmehr wirken solche Ungenauigkeiten fahrlässig und disqualifizieren.

2. Das Alte nach unten, das Aktuelle nach oben

    Früher hat man die Angaben nach "das Älteste zuerst" und "das Aktuellste zuletzt" sortiert. Das heißt, dass beispielsweise die erste Ausbildung ganz oben angegeben wurde und die aktuelle

Ausbildung oder Beschäftigungsstelle unten zu finden war. Das ist mittlerweile nicht mehr so.

Da es übersichtlicher ist, wenn die aktuelle Beschäftigung oben steht, weil der Personalbearbeiter sich für sie am meisten interessiert, ist diese Abfolge zur Regel geworden. Die Daten sollten also mehr oder weniger folgendermaßen sortiert sein:

AUSBILDUNG	
09/1997 – 12/2001	Musterstudium
	Musteruniversität, 12345 Musterstadt
09/1995 – 06/1997	Ausbildung zum Musterberuf
	Musterfirma GmbH, 12345 Musterstadt
09/1988 – 07/1995	Abitur
	Mustergymnasium, 12345 Musterstadt

Dabei brauchst du nicht das genaue Datum angeben; der Monat und das Jahr reichen in der Regel aus. Wenn du noch in der Ausbildung bist, gibst du nicht das aktuelle Jahr an, also z.B. "09/2018 - 10/2019", sondern "09/2018 - aktuell". So weiß der Personalbearbeiter, in welcher Phase du dich aktuell befindest.

Ausbildung

Kommen wir nun zu den inhaltlichen Blöcken mit den jeweiligen Angaben. Im Block "Ausbildung" gibst du deine schulische/ universitäre Laufbahn wieder. Dabei kannst du den Kindergarten, die Grundschule sowie alle Schulen außer der, auf der du deinen Abschluss gemacht hast, weglassen. Wenn du mal die Schule in der fünften Klasse gewechselt hast, musst du es nicht angeben. Gib nur die letzte Schule an, auf der du dein Abitur/Fachabitur o.ä. gemacht hast. Danach kommen alle anderen Ausbildungsanstalten, also Berufsschulen, Universitäten etc. Workshops und sämtliche Seminare gehören nicht in den Block "Ausbildung", sofern es sich um kurze

"Wochenendveranstaltungen" handelt oder einfach nur Fortbildungen. Für Fortbildungen gibt es eine eigene Sparte!

Berufserfahrung

Der Block "Berufserfahrung" sollte nur relevante Informationen über deinen beruflichen Werdegang enthalten. "Relevant" bedeutet in diesem Kontext, dass sie sich unmittelbar auf die angestrebte Stelle beziehen sollten. Es sollte sich eine Art roter Faden ergeben, der anschaulich darstellt, wie du zu dem jeweiligen Berufsfeld kommst. Man muss die Schritte nachverfolgen und auch nachvollziehen können, warum du diese Angabe mit in den Lebenslauf genommen hast.

Falls du mal mit fünfzehn in einem Eiscafe gejobbt hast oder in deiner Studentenzeit gekellnert hast, ist das schön und lobenswert. Diese Angaben haben allerdings nichts im Lebenslauf verloren, wenn du dich nicht auf eine Kellnerstelle oder in einem Gastrobetrieb bewirbst. Sofern du dich beispielsweise als Bürokraft bewirbst, ist diese Tatsache recht überflüssig und kann grundsätzlich weggelassen werden. Aber Achtung: Du kannst diese Angaben nur weglassen, wenn du in der gleichen Zeit etwas parallel gemacht hast.

Wenn du während deines Studiums gejobbt hast, kannst du "irrelevante" Berufserfahrungen weglassen. Wenn du aber ein Jahr lang nichts anderes gemacht hast als zu kellnern, solltest du diese Angabe nicht weglassen, da sich ansonsten eine unerklärliche Lücke im Lebenslauf bildet.

Insofern sollte der Lebenslauf vor allen Dingen von zwei Dingen frei sein:

- von Lücken

- von überflüssigen und irrelevanten Informationen.

Diverse Praktika und studentische Aushilfsstellen sowie alle praktischen Erfahrungen, die mit dem entsprechenden Berufsfeld zu tun haben, ob über kurz oder lang, solltest du auf jeden Fall in deinem Lebenslauf erwähnen.

Wenn du alles richtig gemacht hast, so ergänzen sich die Blöcke "Ausbildung" und "Berufserfahrung" inhaltlich logisch und harmonisch. Es sollten keine Unstimmigkeiten auftauchen, die den Personalbearbeiter misstrauisch machen könnten. So könnte es exemplarisch aussehen:

BERUFSERFAHRUNGEN		
seit 08/2011	**Musterstelle**	
	Musterfirma GmbH, 12345 Musterstadt	
	• Kurze, stichwortartige Beschreibung der Tätigkeit	
01/2002 – 07/2011	**Musterstelle**	
	Musterfirma GmbH, 12345 Musterstadt	
	• Kurze, stichwortartige Beschreibung der Tätigkeit	
AUSBILDUNG		
09/1997 – 12/2001	Musterstudium	
	Musteruniversität, 12345 Musterstadt	
09/1995 – 06/1997	Ausbildung zum Musterberuf	
	Musterfirma GmbH, 12345 Musterstadt	
09/1988 – 07/1995	Abitur	
	Mustergymnasium, 12345 Musterstadt	

Fortbildungen

Auch bei Fortbildungen solltest du darauf achten, nur relevante Informationen im Lebenslauf aufzunehmen. Die Fortbildung in Häkeln oder Pizzabacken, wenn du dich als IT-Manager bewirbst, führt nur zu Verwirrung und erweckt den Eindruck, als könntest du keine Informationen filtern.

Hierbei solltest du die Phasen bzw. die Schritte ebenso dokumentierten wie bei den anderen Angaben auch: chronologisch und von neu zu alt.

Besondere Kenntnisse

Wie bereits erwähnt, lassen sich besondere Kenntnisse in Sprachkenntnisse und IT-Kenntnisse unterteilen.

Sprachkenntnisse

Im Abschnitt "Sprachkenntnisse" solltest du alle Sprachen auflisten, die du erwiesenermaßen beherrschst. Das bedeutet, dass zwei Wochen Italienreise und ein Wortschatz aus "Ciao" und "Spaghetti" nicht ausreichen, um "Italienisch" als Sprache aufzulisten.

Fang am besten mit den Sprachen an, die du am besten kannst. Dazu sollte idealerweise Deutsch gehören, das du entsprechend als "fließend in Wort und Schrift" oder "Muttersprache" einstufst. Wenn Deutsch nicht deine eigentliche Muttersprache ist, du aber bilingual aufgewachsen bist und Deutsch daher in Perfektion beherrschst, solltest du dennoch "Muttersprache" in Klammern daneben schreiben. Alles andere könnte zu dem Gedanken verleiten, dass deine Deutschkenntnisse nicht ausreichend oder eben nicht perfekt sind.

Englischkenntnisse sind mittlerweile eine sehr wichtige Voraussetzung in vielen Berufsfeldern. Im besten Fall beherrschst du Englisch "fließend in Wort und Schrift" oder "sehr gut" o.ä. Sofern dein Englisch nicht so gut ist, solltest du das natürlich wahrheitsgemäß angeben, also beispielsweise "Grundkenntnisse" daneben schreiben. Denn sollte sich ein "fließend in Wort und Schrift" als eine Lüge herausstellen, führt dies natürlich zu einem großen Punktabzug.

Alle anderen Sprachkenntnisse kannst du ebenso in dieser Sparte eintragen. Wenn du ein Latinum oder Graecum hast, gehören diese Angaben hierhin. Auch diverse Sprachstufen wie "Italienisch A1" oder "Französisch B2". Wenn du zur Zeit eine neue Sprache lernst, kannst du an diese Angaben im Vorstellungsgespräch anknüpfen.

IT-Kenntnisse

Früher sagte man dazu auch "EDV-Kenntnisse. "EDV" steht für "Elektronische Datenverarbeitung"; mittlerweile gehören zu unseren möglichen digitalen Kompetenzen aber weitaus mehr Möglichkeiten und Fähigkeiten.

Was hier auf keinen Fall fehlen darf, sind Microsoft-Office-Kenntnisse. Vor allen Dingen grundlegende Programme wie Word, Excel und PowerPoint. In einer Klammer kannst du kennzeichnen, wie gut deine Kenntnisse auf diesem Gebiet sind – idealerweise sind sie sehr gut, denn heutzutage sind diese Programme Voraussetzungen für so gut wie alle Berufsfelder (mit kleinen Ausnahmen).

Zudem sollten sich hier alle Softwares und Programme wiederfinden, mit denen du arbeiten kannst. Wenn du ein Grafikdesigner bist, sollten darin diverse Programme stehen wie beispielsweise "Adobe Photoshop" o.ä. Statistiker sollten ihre eigenen Programme erwähnen, SPSS oder vergleichbare Kompetenzen sind hierbei gefragt. Gerade bei Informatikern kann die Liste lang werden – je länger, desto besser. Die jeweiligen Programmkenntnisse werden mit einem "(gut)", "(sehr gut)" gekennzeichnet.

Bei einigen Berufsfeldern und Stellenausschreibungen ist auch der Führerschein sehr wichtig. Denn manchmal muss man auf Dienstreisen mit dem Dienstwagen fahren oder zu den einzelnen Kunden, Partnern etc. Daher solltest du, sofern du einen Führerschein hast, diese Angabe zusammen mit dem entsprechenden Führerscheintyp machen.

Der vollständige Block könnte folgendermaßen aussehen:

BESONDERE KENNTNISSE

EDV-Kenntnisse	Microsoft Office 2016 (gut)
	Salesforce (sehr gut)
	Photoshop (Grundkenntnisse)
Sprachkenntnisse	Englisch (fließend)
	Spanisch (Grundkenntnisse)
Führerschein	Klasse B

Hobbys

Optional kannst du in deinem Lebenslauf Hobbys und persönliche Interessen angeben. Diese Angaben verraten dem Personalbearbeiter etwas mehr über dich als Person und lassen dich lebendiger und interessanter erscheinen. Hier sollte man aber nicht übertreiben: Du kannst ein bis zwei wesentliche Interessen und Hobbys wie "Klavier spielen" oder "Tennis spielen" erwähnen, aber die Liste der Hobbys sollte die Liste der Berufserfahrungen nicht übersteigen. Denn so sehr ein Personalbearbeiter sich tiefere Einblicke in deine Persönlichkeit verschaffen möchte – so tief dann auch wieder nicht.

Lügen im Lebenslauf

Es ist ja eigentlich verständlich und durchaus menschlich, wenn man sich im besten Licht präsentieren möchte und beim Lebenslauf bzw. auch im Anschreiben etwas dick aufträgt. Schließlich will man als Bewerber einen perfekten und kompetenten Eindruck vermitteln. Daher wird poliert, was das Zeug hält. Das Pimpen des Lebenslaufs sollte aber nur bis zu einem gewissen Punkt gehen: Denn manche Lügen im Lebenslauf sind mittlerweile so bekannt, dass sie offensichtlich geworden sind.

Im Rahmen einer Umfrage von YouGov wurden über 1000 Personen zum Thema "Lügen im Lebenslauf" befragt. Dabei wurden sie in "eher harmlos" bzw. "harmlos" und "eher schlimm" bzw. "schlimm" unterteilt.

Lügen bei ehrenamtlichen Tätigkeiten sowie bei den Hobbys (vor allen Dingen bei den Hobbys) findet die Mehrheit eher harmlos. Das kann man wohl dadurch erklären, dass sie die Kompetenz des Bewerbers nicht höherschrauben, als sie eigentlich ist. Ob der Bewerber nun in seiner Freizeit wirklich Gitarre spielt oder alten Frauen über die Straße hilft, ist für die Qualifikation eher irrelevant bis nicht ausschlaggebend.

Als schlimm werden eher Lügen empfunden, die unmittelbar mit Kompetenz oder persönlichen Angaben zusammenhängen. Vor allen Dingen Lügen über die Berufserfahrung, die Ausbildung, das Studium oder andere Qualifikationen empfinden die meisten als unangebracht.

https://de.statista.com/infografik/10540/so-schlimm-sind-luegen-im-lebenslauf/

Abgesehen davon, dass Lügen im Lebenslauf ethisch-moralisch als unangebracht empfunden werden, können sie strafrechtlich relevant und zu einem fristlosen Kündigungsgrund werden. Denn wie bereits erwähnt, sind Bewerbungsunterlagen wortwörtlich Unterlagen – wer flunkert, der fälscht. Und diese Fälschung verjährt nicht, egal, ob du seit zwei Wochen oder zwei Jahren in dem jeweiligen Unternehmen arbeitest. Vor allen Dingen Urkundenfälschungen, wie z.B. ein gefälschtes Arbeitszeugnis, können zu schwerwiegenden strafrechtlichen Konsequenzen führen.

Selbst kleine Flunkereien können dann schlicht und ergreifend zu einem Vertrauensbruch führen. Wer nämlich annimmt, dass solche kleinen Sünden nicht auffliegen können, unterschätzt geübte Personalbearbeiter. Durch genaues Nachfragen, gezielte Aufforderungen, Details zu erzählen, oder zusätzliche Recherchen können sie auch solche Lügen aufdecken, die nicht unbedingt direkt auffallen. Besonders schlimm wird es, wenn man eingestellt wird und anschließend die Aufgabe ausführen muss, die man laut Lebenslauf beherrschen sollte, aber dazu nicht in der Lage ist, weil man geflunkert hat.

Quelle:

https://karrierebibel.de/bewerbung-falsche-angaben/

Anschreiben

Das Anschreiben gilt als die Hölle der meisten Bewerber. Während der Lebenslauf mehr oder weniger einmalig verfasst und lediglich unterschiedlich datiert wird, muss der Bewerber im Anschreiben einen individuellen Text verfassen, der den Personalbearbeiter anspricht.

Was du bereits weißt und auch mit Sicherheit nachvollziehen kannst, ist, dass die meisten Menschen mit Bewerbungen überwiegend Nervosität und Aufregung verbinden; eine große Mehrheit sieht vor allen Dingen im Anschreiben den Grund für den hohen Zeitaufwand, den das Anschreiben beim Bewerbungsschreiben verursacht.

Laut der Studie meinestadt.de sehen 55 % aller Befragten das Anschreiben als die größte Hürde beim Schreiben der Bewerbung. Die meisten begründen diese Aussage damit, dass bei ihnen eine sehr große Unsicherheit herrscht. Sie wissen meistens nicht, was sie schreiben sollen, und fühlen sich dem Anschreiben wie einem Schulaufsatz ausgeliefert – es fühlt sich an, als wäre man in einer Prüfungssituation. Die meisten Probleme haben Bewerber bzw. Personen, die sich für die Branchen Handwerk und Gastronomie bzw. Tourismus interessieren.

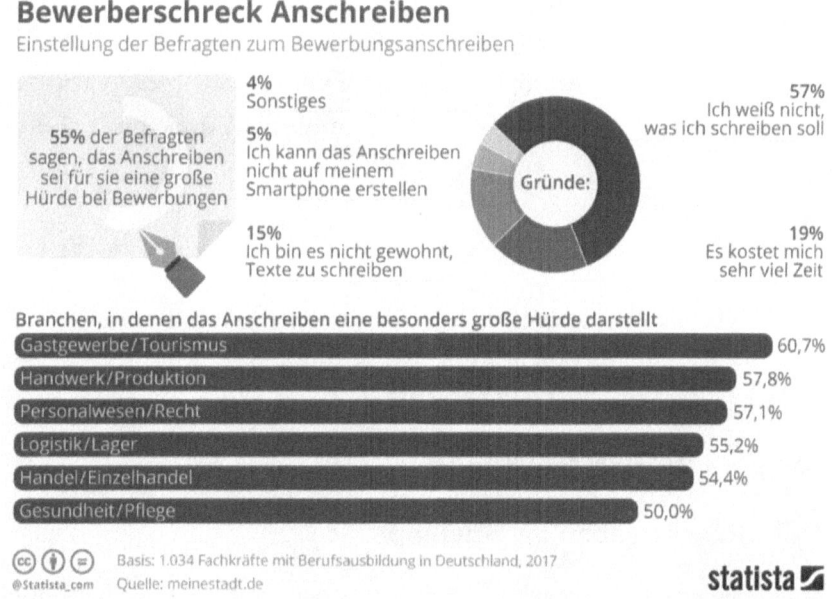

https://de.statista.com/infografik/12264/einstellung-der-befragten-zum-bewerbungsanschreiben/

Dabei entstehen die gleichen Fragen wie bei Schülern, die es nicht gewohnt sind, Texte zu schreiben oder generell große Probleme mit Auf- und Verfassung von Texten haben: Was soll ich schreiben? Wie soll ich das strukturieren? Was ist wichtig und was ist unwichtig? Welche Wortwahl treffe ich?

Wenn du nicht sonderlich häufig Texte verfassen musst und dich nicht darauf vorbereitet fühlst, einen so entscheidenden Text wie ein Anschreiben zu verfassen, so kann ich dich vielleicht hiermit etwas beruhigen: Du sollst weder ein lyrisches Meisterwerk schreiben noch eine Fortsetzung zu Goethes Faust konzipieren. Das Anschreiben an sich ist eigentlich ein recht standardisiertes Schreiben, bei dem die Struktur und häufig sogar die Wortwahl zu einem Großteil vorgegeben sind. So könnte man sagen, dass das Anschreiben zwar ein individuelles Schreiben ist und es auch sein sollte, aber so individuell nun auch wieder nicht.

In diesem Abschnitt widmen wir uns dem Verfassen von einem Anschreiben; dabei unterteilen wir das Thema auch hier in formale und inhaltliche Aspekte. Zu den **formalen Aspekten** gehören hierbei:

- Absender und Empfänger
- Betreffzeile
- Grußformel und Unterschrift
- Formatierung und formale Struktur

Persönliche Angaben im Briefkopf

Ähnlich wie im Lebenslauf gehören auch auf das Anschreiben persönliche Angaben, allerdings nicht ganz so ausführlich. Im Grunde genommen befindet sich oben rechts ein Block mit deinem

Namen und deiner Anschrift. Darunter solltest du deine Nummer (Handy-oder Festnetznummer) sowie eine Kontakt-E-Mail angeben. Diese Angaben sollten selbstverständlich mit denen auf dem Lebenslauf übereinstimmen.

Weiter unten links befindet sich die Anschrift des Unternehmens und bestenfalls der konkrete Personalbearbeiter als Empfänger. Wenn du nicht weißt, wer dafür zuständig ist, kannst du auch das Unternehmen im Allgemeinen als Empfänger angeben. Diese Angaben sollten sich auf dem Anschreiben befinden, egal, ob du deine Bewerbung digital oder analog versendest.

Oberhalb der Betreffzeile gibst du den Absendeort und das Absendedatum an.

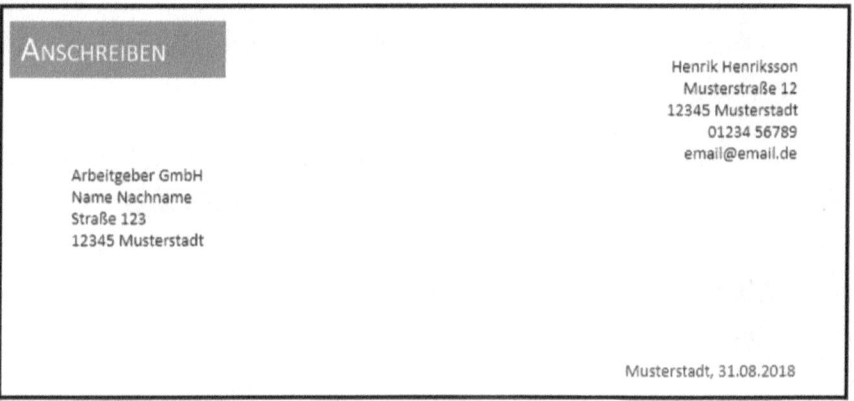

Betreffzeile

Da das Anschreiben im Prinzip wie ein standardisiertes Schreiben aufgebaut ist, bedarf es ebenso einer Betreffzeile wie ein normales Schreiben auch. Hier gibst du an, welchen Anlass deine Bewerbung hat. Manchmal muss man eine Nummer der ausgeschriebenen Stelle angeben, damit die Personalbearbeiter die Bewerbungen schneller zuordnen können. Die Betreffzeile verschafft Klarheit darüber, worauf du dich überhaupt bewerben möchtest. Gerade in großen

Unternehmen werden meistens mehrere Stellen gleichzeitig ausgeschrieben, sodass "Bewerbung" als einziges Wort in der Betreffzeile nicht sonderlich hilfreich ist.

Zudem ist die Betreffzeile das Erste, worauf das Augenmerk des Personalbearbeiters fällt.

In die Betreffzeile gehört auf jeden Fall das Wort "Bewerbung" und die Stelle, auf die du dich bewerben möchtest. Das Unternehmen, das diese Stelle ausschreibt, gehört nicht in die Betreffzeile - dem Personalbearbeiter ist es schließlich von Anfang an klar, bei welchem Unternehmen du dich bewerben möchtest. Sofern eine Kennnummer für die Stelle vorgeschrieben ist, sollte diese ebenso angegeben werden. Nichtbeachtung kann dazu führen, dass die Bewerbung erst sehr verspätet beim Personalbearbeiter ankommt - schlimmstenfalls, wenn die Bewerbungsfrist bereits abgelaufen oder die Stelle schon "reserviert" ist.

Wichtig: Beginne die Betreffzeile nicht mit "Betreff"! Es handelt sich nicht um eine E-Mail und ist bei gängigen Anschreiben keine Konvention. Wer das dennoch macht, zeigt, dass er sich nicht gut genug über die aktuellen Konventionen informiert hat - kein gutes Omen für eine Einladung.

Für eine klassische Betreffzeile gibt es unterschiedliche Ausführungsvarianten. Du kannst in der Betreffzeile schlicht bleiben und sie folgendermaßen gestalten:

- "Bewerbung als XY"
- "Bewerbung auf die Stelle als XY"

Dabei sollte die Betreffzeile maximal zwei Zeilen einnehmen; eine Zeile ist jedoch die Regel. Wenn die Bezeichnung der Stelle sehr lang ist, kann sich die Betreffzeile schon mal über zwei Zeilen ziehen, das ist allerdings nicht die Regel.

Rein optisch solltest du die Betreffzeile leicht hervorheben, indem du sie "fett" formatierst. Auf weiteren gestalterischen Schnickschnack solltest du aber verzichten, das heißt keine auffälligen Farben, kursive oder unterstrichene Schriftarten etc. Es reicht, wenn die Betreffzeile wegen der leicht auffallenden Formatierung dezent ins Auge springt.

> Musterstadt, 31.08.2018
>
> **Bewerbung als Sales Manager (m/f)**
> Kennnummer 123456

In der Betreffzeile solltest du die gleiche Schriftart verwenden wie im restlichen Fließtext; wenn du dich dafür entscheidest, mehrere Schriftarten im Anschreiben zu verwenden, sollten sie miteinander harmonieren und es sollten auf keinen Fall mehr als zwei sein. Ansonsten wirkt das Anschreiben unseriös und wie eine schlecht gemachte Schulpräsentation aus der 5. Klasse. So solltest du deine Schriftarten also **nicht** variieren:

> Musterstadt, 31.08.2018
>
> *Bewerbung als Sales Manager (m/f)*
> Kennnummer 123456
>
> Sehr geehrte Damen und Herren,
>
> mit großem Interesse habe ich die auf _____ veröffentlichte Stellenausschreibung der _____ gelesen. Da ich mich beruflich weiterentwickeln möchte und in einer Tätigkeit als_____ in Ihrem Hause die Gelegenheit dazu sehe, sende ich Ihnen meine Bewerbungsunterlagen.

Wenn du nicht unbedingt mit einem durchdachten und harmonischen Design punkten möchtest, weil du beispielsweise

Grafikdesigner bist, solltest du dich an klassische, allgemein gut lesbare und anerkannte Schriftarten halten. Dazu gehören:

- Times New Roman
- Calibri
- Verdana
- Arial

Zwar gibt es hierbei keine Pflicht, allerdings haben sich diese Formate optisch und technisch bewährt. Die Standardschriftgröße des restlichen Fließtextes ist in der Regel "12". Sie ist groß genug, um gut lesbar zu sein, und nicht so groß, dass man denken könnte, es handele sich um einen Ratgeber für Senioren.

Um die Betreffzeile abzuheben, kannst du sie aber in der Schriftgröße "13" formatieren, damit ein leichter, subtiler Unterschied wahrnehmbar ist.

Wenn eine Unterzeile vorhanden ist, also beispielsweise eine Kennnummer angegeben werden muss, sollte sie sich von der eigentlichen Betreffzeile unterscheiden. Sie sollte daher weder fett noch gleich groß sein. Sie kann beispielsweise genauso formatiert sein wie der restliche Fließtext.

Die Unterzeile kann abgesehen von der Kennnummer, sofern keine vorhanden ist oder angegeben werden muss, darauf hinweisen, wo du die Stellenanzeige entdeckt hast. Eine mögliche Formulierung wäre in dem Fall:

Musterstadt, 31.08.2018

Bewerbung als Sales Manager (m/f)
Ihre Stellenanzeige bei job24.de

Grußformel und Unterschrift

Ans Ende des Anschreibens gehören unbedingt die Grußformel und die Unterschrift. Hier reichen klassische Floskeln wie "Mit freundlichen Grüßen" o.ä. Das ist im Grunde genommen auch die gängigste Formel, denn "Liebe Grüße" oder "Beste Grüße" können etwas unseriös und zu persönlich wirken.

Die Unterschrift gehört auf das Anschreiben nicht nur aus ästhetischen, sondern auch aus rechtlichen Gründen. Das Anschreiben, genau wie der Lebenslauf, muss dokumentenecht sein und muss daher unterschrieben werden. Hier gilt eben wie bei dem Lebenslauf:

- Wenn du die Bewerbung analog versendest, solltest du mit einem blauen oder schwarzen Kugelschreiber unterschreiben.

- Wenn du die Bewerbung digital versenden möchtest, kannst du eine der beiden Möglichkeiten nutzen, eine digitale Unterschrift zu erstellen, die im Kapitel zum Lebenslauf vorgestellt werden.

Formatierung und allgemeine Struktur

Wie bereits erwähnt, werden Anschreiben meistens in klassischen Schriftarten wie Times New Roman, Calibri etc. in Schriftgröße 12 verfasst. Dabei ist der Text meistens entweder linksbündig oder im Blocksatz formatiert. Blocksatz wirkt häufig etwas "aufgeräumter", während "linksbündig" ebenso ein bewährter Klassiker ist, mit dem man kaum etwas falsch machen kann.

Du solltest darauf achten, die inhaltlichen Blöcke, die ich gleich erörtern werde, deutlich erkennbar voneinander zu trennen. Meistens wird nicht nur ein Absatz gemacht, sondern eine ganze Zeile zwischen den inhaltlichen Absätzen freigelassen bzw. ein Abstand von 1,5 mm und nicht 1,15 mm, wie es sonst immer ist.

Beispiel:

Sehr geehrte Damen und Herren,

mit großem Interesse habe ich die auf _____ veröffentlichte Stellenausschreibung der _____ gelesen. Da ich mich beruflich weiterentwickeln möchte und in einer Tätigkeit als _____ in Ihrem Hause die Gelegenheit dazu sehe, sende ich Ihnen meine Bewerbungsunterlagen.
Aktuell bin ich bei der _____ als _____ angestellt. Meine Aufgaben in dieser Position beinhalten _____, _____ und _____. Durch meine bisherige Berufspraxis

https://karrierebibel.de/anschreiben/#Anschreiben-Muster-Form-und-Aufbau

Sprache

Es ist wichtig, dass die Sprache insgesamt klar verständlich und nicht zu steif, verschachtelt oder aber alltäglich ist. Es handelt sich um ein offizielles Schreiben, aber das bedeutet nicht, dass du Advokatendeutsch auspacken solltest. Labyrinthische, mystische und unverständliche Sätze irritieren nur, auch wenn sie häufig als Ausdruck von Klugheit und Bildung aufgefasst werden. Es mag im Alltag so aufgenommen werden, aber die meisten Personalbearbeiter interpretieren solche Endlossätze als die Unfähigkeit, strukturiert zu denken und seine Gedanken auf den Punkt zu bringen. Achte daher darauf, dass die Sätze mindestens einen Hauptsatz und maximal zwei nicht allzu lange Nebensätze enthalten. Ein Monstrum von Satz wäre beispielsweise dieses Exemplar:

"Da ich bei meiner aktuellen Tätigkeit dafür zuständig bin, Bauprojekt XY zu betreuen, verwende ich stets mein theoretisches sowie praktisches Wissen, um die Mitarbeiter optimal einzuarbeiten und die Projektlaufzeit so kurz wie möglich zu halten, weil mir Zuverlässigkeit und die Einhaltung von Fristen sehr wichtig sind."

Hilfe! Ab welchem Schachtelsatz hast du aufgehört, den Satz mitzulesen? Es wirkt fernab von jeglicher Realität, aber es gibt genug Bewerber, die solche Wortschlangen produzieren. Vermeide dieses Fettnäpfchen unbedingt, denn kein Personalbearbeiter hat Lust, solche Monstren auseinanderzunehmen und sich Gedanken darüber zu machen, wann der Satz endlich sein Ende nimmt.

In der Regel besteht das Anschreiben aus vier deutlich erkennbaren, voneinander unterscheidbaren Absätzen.

Die vier inhaltlichen Blöcke setzen sich dabei folgendermaßen zusammen:

- Einleitung
- Hauptteil
- Unternehmensbezug
- Schlussteil

Einleitung

Die Einleitung des Anschreibens ist quasi der erste Satz eines Romans. Natürlich ist ein Anschreiben kein besonders packendes Schreiben, bei dem der Personalbearbeiter Gänsehaut oder Gefühlsausbrüche bekommt. Er soll aber beim Lesen der Einleitung bereits denken, dass der Kandidat etwas zu sagen hat und dass er weiß, wovon er da spricht.

Klassische Einleitungssätze sind mittlerweile veraltet und nicht mehr richtig wirksam. Sie klingen wie abgedroschene Floskeln und sind häufig eine Ansammlung aus trivialen Informationen, die sich eine Person mit einem gesunden Menschenverstand selbst denken kann. Vor allen Dingen beliebt sind solche Einleitungssätze wie:

- "Hiermit bewerbe ich mich auf die Stelle als…"

- "Mit einem großen Interesse habe ich Ihre Anzeige gelesen und bewerbe mich nun auf…"

- "Ihre Anzeige bei job24.de hat mich sehr angesprochen, weswegen ich mich auf die Stelle als XY bewerbe"

- usw.

Überleg mal: Du hast bereits in der Betreffzeile geschrieben, worauf du dich bewerben möchtest und wo du die Anzeige entdeckt hast – dann musst du das im ersten Satz, der überraschen und packen soll, nicht noch mal erwähnen. Nichts ist langweiliger und nervtötender als solche banalen, allgemein bekannten Floskeln. Wenn du unbedingt zeigen möchtest, wie desinteressiert du an dieser Stelle bist und wie wenig Motivation du hast, den Job zu bekommen, solltest du genau solche Sätze in der Einleitung verwenden. Dann kannst du dir relativ sicher sein, dass ein erfahrener Personalbearbeiter mit relativ hohen Ansprüchen sich nicht bei dir melden wird.

Achtung: Der erste Satz der Einleitung beginnt klein, also nicht wie ein Satzanfang! Der Satzanfang ist "Sehr geehrte Frau/Herr XY, …", weswegen das erste Wort des darauffolgenden Textes klein geschrieben wird.

Es ist wichtig, herauszufinden, wer der konkrete Ansprechpartner ist. So kannst du dein Anschreiben persönlich gestalten. Manche Unternehmen schreiben den unmittelbaren Ansprechpartner in die Stellenausschreibung, sodass Bewerber die Person direkt kontaktieren können. Einige wollen aber, dass Kandidaten Recherchekompetenz beweisen. Bemühe dich daher, herauszufinden, wer der zuständige Personalbearbeiter ist, um die allgemeine und unpersönliche Ansprache "Sehr geehrte Damen und Herren ..." zu vermeiden.

Nun, wenn nicht so, wie dann? Dafür musst du dir zunächst folgende Fragen stellen:

- Warum möchte ich ausgerechnet in diesem Unternehmen arbeiten? Warum habe ich mich für dieses Unternehmen entschieden?

- Was hebt dieses Unternehmen hervor, was macht es (für dich) besonders?

- Welche Motivation hast du, diesen Job zu machen? Welches Ziel hast du? Was sind deine persönlichen Vorsätze?

Das klingt erst mal nach viel, vor allen Dingen für die drei Sätze, die in so eine Einleitung passen. Doch du kannst auch in einem einzigen Wort schon das ganze Universum unterbringen. Stell dir dann vor, was du alles in drei Sätzen unterbringen kannst.

Nehmen wir an, das Besondere an dem Unternehmen, indem du arbeiten möchtest, sind die modernen Technologien, die im Prozess verwendet werden, sowie eine beeindruckend gute Personalpolitik. Vielleicht möchtest du schon seit Jahren in diesem Unternehmen arbeiten, weil es besonders viel auf einem bestimmten Gebiet geleistet hat oder du das soziale Engagement beeindruckend findest. Das kannst du alles in den ersten zwei bis drei Sätzen der Einleitung unterbringen. Beispielsweise:

- "Tag für Tag befördert Ihr Unternehmen Millionen von Menschen deutschlandweit von A nach B. Da ich schon immer von den Leistungen fasziniert war, die Ihr Unternehmen im Personenbeförderungswesen geleistet hat, möchte ich unbedingt ein Teil Ihres Teams werden und Sie dabei tatkräftig unterstützen."

- "Ihr Unternehmen zeichnet sich vor allen Dingen durch das hohe soziale Engagement sowie bemerkenswerte Errungenschaften auf dem Gebiet XY aus. Daher möchte ich Ihr Unternehmen bei weiteren Erfolgen tatkräftig/engagiert begleiten und meinen persönlichen Beitrag leisten."

So könnte eine Mustereinleitung für eine Kreativagentur aussehen:

Musterstadt, 31.08.2018

Bewerbung als Grafikdesigner (m/f)
Ihre Stellenanzeige bei job24.de

Sehr geehrte Frau Müller,

von den kreativen Meisterleistungen sowie dem einzigartigen Stil Ihrer Agentur beeindruckt, habe ich sofort den Wunsch gefasst, meinen eigenen Beitrag zu Ihrer Arbeit zu leisten. Um meine eigenen kreativen Fähigkeiten im Rahmen eines kompetenten Teams zu entwickeln und Sie zum Wohl Ihrer Agentur einzusetzen, bewerbe ich mich bei Ihnen als Grafikdesigner.

Vergleiche nun diese Einleitung mit folgender Einleitung:

Bewerbung als Grafikdesignerin (m/f)
Ihre Stellenanzeige bei job24.de

Sehr geehrte Frau Müller,

mit großem Interesse habe ich die auf job24.de veröffentlichte Stellenausschreibung gelesen. Da ich mich beruflich weiterentwickeln möchte und in einer Tätigkeit als Grafikdesigner in Ihrem Hause die Gelegenheit dazu sehe, sende ich Ihnen meine Bewerbungsunterlagen.

Stell dir anschließend vor, dass du ein Personalbearbeiter bist und die beiden Anschreiben überfliegst. Wen findest du sympathischer? Wer hat sich mehr Mühe gegeben? Oder um das mal umgangssprachlich auszudrücken: Wer hat mehr Bock auf diesen Job? Welches Anschreiben bzw. welche Einleitung strahlt mehr Energie und Elan aus?

Ich denke, dass die meisten sich darin einig sein werden, dass das erste Beispiel deutlich individueller, motivierter und energischer wirkt.

Das liegt daran, dass darin die persönliche Motivation und eine besonnene Entscheidung zur Geltung kommen. Es wirkt nicht so, als hätte sich die Person für die erstbeste Stellenausschreibung oder das erstbeste Unternehmen entschieden. Es wirkt vielmehr so, als wüsste sie genau darüber Bescheid, was das Unternehmen bzw. Die Agentur macht, und hätte sich ihre Entscheidung genau überlegt.

Genau diese Wirkung ist das Ziel einer gelungenen Einleitung: Zeig dem Personalbearbeiter, wie viel Lust du auf diesen Job hast, wie „geil" du das Unternehmen findest. Und sollte es nicht der Fall sein, überlege dir noch mal, ob es die richtige Entscheidung ist, sich auf diese Stelle zu bewerben.

Solltest du dabei merken, dass du gar nicht weißt, warum du dich für dieses Unternehmen oder diese Agentur o.Ä. entschieden hast, solltest du dich noch mal hinsetzen und ordentlich recherchieren. Wenn du das schon beim Anschreiben nicht weißt, wirst du im Vorstellungsgespräch umso weniger überzeugend sein.

Bei sehr kreativen Stellen, die viel Persönlichkeit fordern und bei denen die Erwartungshaltung schwerpunktmäßig auf einer sehr individuellen Art und Weise liegt, kannst du dich durchaus etwas mehr trauen. Wenn der Arbeitgeber ausgefallene, kreative Köpfe braucht, die immer die passenden Worte haben, kannst du mit einer ausgefallenen und etwas frechen Ansprache punkten. Das könnte beispielsweise folgendermaßen aussehen:

Die perfekte Bewerbung

Musterstadt, 31.08.2018

Bewerbung als Comiczeichner (m/f)
Ihre Stellenanzeige bei job24.de

Sehr geehrte Frau Müller,

da meine Mutter schon immer gesagt hat, dass ich ein Händchen dafür habe, mich für nichts anderes als für Comics zu interessieren, habe ich beschlossen, Hobby zum Beruf zu machen. Da Ihr Studio genau das zu seinem Schwerpunkt macht, möchte ich meine Leidenschaften etwas lukrativer ausleben. Im Gegenzug unterstütze ich Sie mit meinen kreativen Fähigkeiten und einer außerordentlichen Motivation.

Bei solchen Einleitungen muss man allerdings aufpassen, dass man den zuständigen Personalbearbeiter etwas einschätzen kann, weil solche kreativen Ausreißer natürlich auch nachteilig wirken können. Daher solltest du dich sehr gut über das Unternehmen informieren und dir ein gutes und vollständiges Bild davon machen, was die Unternehmensphilosophie ist. Sollte es sich um ein eher unkonventionelles Auftreten handeln, so kannst du dich wahrscheinlich etwas mehr trauen. Sollte das Unternehmen aber einen sehr konservativen Stil haben, ist es angebrachter, eher schlichte, aber dennoch interessante (!) Einleitungsvarianten zu verwenden.

Beachte, dass die Einleitung praktisch den Ton für das restliche Anschreiben angibt: Der Schreibstil sollte in sich harmonisch und kohärent sein. Wenn die Einleitung etwas frecher anfängt, so ist es sinnvoll, das Anschreiben in diesem lässigen Schreibstil fortzuführen. Sollte dies aber nicht der Fall sein, können etwas freche Sätze nach einer recht klassischen und schlichten Einleitung wie Formulierungspatzer wirken.

Quelle:

https://lebenslaufdesigns.de/einleitungssaetze-bewerbung

Hauptteil

Im Hauptteil geht es nun darum, deine Fähigkeiten sowie aktuelle Tätigkeiten in einen Kontext zu bringen und genauer auszuführen. Wenn sie einfach nur im Lebenslauf stehen, wirken sie nicht ausreichend überzeugend, sondern müssen noch "beworben" werden – das ist schließlich der Sinn einer Bewerbung.

Stell dir vor, dass du Werbung für ein Produkt machst, um es für den Kunden möglichst attraktiv zu machen. Wenn du beispielsweise eine Waschmaschine verkaufen musst, gibst du zunächst die allgemeinen technischen Daten an. Darin steht dann, welche Eigenschaften sie hat, welches Volumen, wie viele Betriebsmodi etc. – das ist quasi ihr Lebenslauf. Anschließend wird ein Werbetext verfasst, der diese technischen Daten interpretiert und sie attraktiv macht, sodass der Kunde denkt: "Ja, diese Waschmaschine muss ich haben!"

Natürlich bist du keine Waschmaschine und im Allgemeinen kein Gegenstand, das ändert aber nichts an der Tatsache, dass du dich selbst vermarkten musst, damit der Personalbearbeiter denkt, dass du der/die Richtige bist.

Auch hier gilt: keine abgedroschenen Floskeln, die so klingen, als hättest du die aus dem Internet oder einem Bewerbungsratgeber abgeschrieben. Dabei solltest du dich auf die Fähigkeiten und Qualifikationen berufen, die du am wichtigsten von allen in deinem Lebenslauf findest. Alle wirst du sowieso nicht in die paar Sätze bekommen und es wäre auch zu viel. Du sollst nicht deine Lebensgeschichte erzählen, sondern zeigen, was dich als einen wertvollen Mitarbeiter auszeichnet.

Wichtig ist es, dass man dem Hauptteil bereits die Vorteile entnehmen kann, die du dem Unternehmen beisteuern kannst. Übertreibe es nicht, sondern nenne einige Beispiele und setze sie in einen Rahmen. Dabei sollten nicht nur die eigentlichen Tätigkeiten zur Geltung kommen wie "Im Rahmen meiner Tätigkeit als Sales Manager habe ich XY Mitarbeiter geleitet und die Kundenbetreuung übernommen", sondern auch die Erfolge, die du erzielen konntest, also beispielsweise "Dabei konnte ich immer einen sehr guten Kundenkontakt herstellen und die Verkaufsraten um XY % steigern".

Wenn du gerade aus der Ausbildung oder deinem Studium kommst, kannst du natürlich keine solchen Arbeitserfahrungen vorweisen (oder zumindest in der Regel nicht). Dann kannst du bereits vorhandene praktische Erfahrungen benennen, wie Praktika oder berufsbezogene Aushilfsstellen. Dabei kannst du schemenhaft solche Formulierungen nutzen:

- "Im Rahmen meines Praktikums bei XY konnte ich mein theoretisches Wissen, das ich mir im Studium angeeignet habe, stets zur Lösung praktischer Probleme heranziehen und diese erfolgreich bewältigen."

- "Während meiner Ausbildung habe ich insbesondere einen Fokus auf das Gebiet XY gelegt, was sich im Laufe meiner Tätigkeit bei ZX bemerkbar gemacht hat."

- "Meine angelernten Fähigkeiten konnte ich während meiner Beschäftigung bei XY auf die Probe stellen und dabei habe ich mich in zahlreichen Situationen erfolgreich beweisen können."

Bleibe dabei konkret und verzichte auf allgemeine Aussagen, die keinen Bezug zum Lebenslauf oder bestimmten Ankerpunkten in deiner Biografie haben. Folgende Aussagen haben einen sehr geringen Informationsgehalt und machen sich im Anschreiben eher schlecht:

- "Zudem besitze ich wichtige soziale Kompetenzen, die sehr hilfreich sind."

- "Meine Aufgaben im Rahmen meiner aktuellen Tätigkeit sind X, Y und Z."

Sie interpretieren die Angaben, die der Personalbearbeiter im Lebenslauf ohnehin finden kann, in einem sehr geringen Maße und sagen so gut wie nichts über dich aus. Wenn wir auf das Beispiel mit der Waschmaschine zurückkommen, wäre es mit einem Werbetext folgenden Inhalts zu vergleichen:

"Die Waschmaschine kann Wäsche waschen. Außerdem kann man sie mit Waschpulver beladen. Die Trommel ist vorhanden, was sehr praktisch ist."

Ein solcher Werbetext sagt weder etwas über die spezifische Waschmaschine aus, noch erzeugt er das Bedürfnis, sich weiterhin mit ihr zu beschäftigen. Es wirkt so, als müsste man auf Trivialitäten ausweichen, weil es sonst nichts Gutes gibt, was man hervorheben könnte.

Ein Beispiel für einen aussagekräftigen Hauptteil könnte folgendermaßen aussehen:

Musterstadt, 31.08.2018

Bewerbung als Grafikdesigner (m/f)
Ihre Stellenanzeige bei job24.de

Sehr geehrte Frau Müller,

von den kreativen Meisterleistungen sowie dem einzigartigen Stil Ihrer Agentur beeindruckt, habe ich sofort den Wunsch gefasst, meinen eigenen Beitrag zu Ihrer Arbeit zu leisten. Um meine eigenen Fähigkeiten im Rahmen eines kompetenten Teams zu entwickeln und sie zum Wohl Ihrer Agentur einzusetzen, möchte ich mich bei Ihnen als Grafikdesigner bewerben.

Aktuell bin ich in einer Agentur tätig, die sich auf Gestaltung von Websites spezialisiert. So konnte ich meine gestalterischen Fähigkeiten stets erfolgreich umsetzen und habe zahlreiche Websites für sämtliche Unternehmen konzipiert. Darüber hinaus besitze ich ein sehr gutes Gespür für Kundenwünsche, sodass ich die Konzepte auf die genauen Wünsche und Anforderungen der Kunden anpassen konnte. Meine langjährige Tätigkeit als Grafikdesigner hat zur Folge, dass ich bei jedem Auftrag ein Bild vor Augen habe, wie ich diesen grafisch passend umsetzen kann.

Du solltest es ebenso vermeiden, dem Personalbearbeiter die Vorzüge des Berufsfeldes zu erklären: Mit einer sehr hohen Wahrscheinlichkeit kennt er sich ebenso aus und könnte diese Belehrung entweder als Arroganz oder als Einfallslosigkeit interpretieren – beides ziemlich ungünstig.

Vermeide daher solche Formulierungen wie "Die Informatik schafft immer mehr neue Technologien, weswegen Spezialisten auf dem Gebiet IT sehr gefragt sind." Das sind Binsenweisheiten, die in einem persönlichen Anschreiben nichts verloren haben.

Motivation und Engagement sind im Bewerbungsprozess sehr gute Voraussetzungen. Sie sollten allerdings nicht ausarten und zu Ansprüchen werden, die wie Selbstüberschätzung wirken. Aussagen wie "Ich werde mich in kürzester Zeit bis zum Redaktionschef hocharbeiten" oder "Mein Anspruch liegt darin, der beste Manager in der Geschichte Ihres Unternehmens zu werden" wirken sehr gewagt, eingebildet und recht vermessen. Du solltest dich nicht klein machen und auch nicht klein machen lassen, aber du solltest dich ebenso wenig maßlos überschätzen.

Im Grunde genommen handelt es sich bei diesem Abschnitt um Soft Skills, die du dem Personalbearbeiter deutlich darlegst, und du erläuterst, warum sie für die entsprechende Stelle relevant sind. Wenn du dich für eine Stelle bewirbst, bei der es um die Eigenschaft bzw. Fähigkeit X geht, solltest du den wertvollen Platz im Anschreiben nicht für irrelevante Informationen verschwenden.

Quelle:
https://www.squeaker.net/de/Karriere/Bewerbung/Bewerbungsschreiben/Anschreiben-Bewerbungsschreiben/p/5/t/Das-Anschreiben-Der-Hauptteil

Unternehmensbezug

Im dritten Absatz des Anschreibens geht es darum, einen unmittelbaren Bezug zum Unternehmen herzustellen. Der Unterschied zum Absatz davor liegt vor allen Dingen darin, dass du die entscheidenden Informationen über das Unternehmen mit deinen Qualifikationen in einen Zusammenhang bringst.

Hierfür kannst du beispielsweise zunächst auf die Website des Unternehmens gehen oder dir ein paar Broschüren vornehmen. Achte auf die Schlüsselwörter, die dir in den Texten am wichtigsten erscheinen. Es können Wörter wie "Kreativität", "Einzigartigkeit" oder "vorbildlicher Kundenkontakt" sein. Greife dir diese Wörter heraus und überlege, wie du sie mit deinen Qualitäten zusammenführen kannst.

Nehmen wir an, auf der einen Seite hast du "Freundlichkeit" stehen, auf der anderen Seite steht "individueller Umgang mit Kunden", der dem Unternehmen besonders wichtig ist. Führe diese Eigenschaften zusammen und formuliere es beispielsweise folgendermaßen:

- "Durch meine gewinnende Art und eine freundliche Ausstrahlung kann ich einen individuellen Umgang mit Kunden pflegen und spezifisch auf einzelne Bedürfnisse eingehen."

Vermeide es, um den heißen Brei herumzureden. Sei direkt und sag, inwiefern da ein Zusammenhang besteht. Im Prinzip kannst du zwischen so gut wie allen Eigenschaften Brücken bauen, du solltest nur darauf achten, dass sie Sinn ergeben.

Eigentlich wird der Unternehmensbezug aus dem Grund hergestellt, damit der Bewerber sein Interesse für das Unternehmen äußern kann, ohne dabei zu schleimen. Allerdings ist es schwierig, bei großen, womöglich globalen Unternehmen mit einem riesigen Stab an Mitarbeitern einen individuellen Bezug herzustellen. Das kann man natürlich nicht pauschal sagen, denn Personalbearbeiter sind unterschiedlich drauf und haben unterschiedliche Schwerpunkte. So kann es passieren, dass der eine Personalbearbeiter den Unternehmensbezug vermisst und der andere gar nicht merkt, dass er fehlt.

Bei kleinen Unternehmen kann man aber durch einen direkten Unternehmensbezug einige Pluspunkte sammeln, denn dort ist die Diffusion nicht so groß. Du solltest darauf achten, nicht einfach nur die Website des Unternehmens wiederzugeben oder die Produkte zu erklären.

Ein kleiner Griff in die Trickkiste ist beispielsweise ein persönlicher Anruf beim Personalbearbeiter, wenn du zusätzliche Informationen haben möchtest, die du nicht im Internet gefunden hast. Zudem kannst du erwähnen, dass du dich auf die Stelle XY bewerben möchtest, aber noch ein paar Fragen hast. So kannst du dich sogar in deiner Bewerbung auf dieses Gespräch beziehen, sofern es gut läuft. Das ermöglicht einen Bekanntheitsbezug und verschafft dir einen interessierten Eindruck und einen Wiedererkennungswert.

Du solltest dir aber noch vor dem Anruf sinnvolle Fragen überlegen, die du souverän und konkret stellen kannst. Wenn du anrufst, um nach dem Wetter zu fragen, oder ob die Kaffeemaschine im Pausenraum auch vormittags funktioniert, solltest du es lieber sein lassen.

Wenn du keine relevanten Informationen einholen konntest und dir auch kein individueller Unternehmensbezug einfällt, kannst du ihn auch vollständig weglassen. Es ist besser, wenn du ein paar mehr nützliche Informationen über dich einbaust, als überflüssige Floskeln ohne Informationsgehalt rauszuhauen.

Quelle:

http://www.bewerbung-forum.de/anschreiben.html

Schlussteil

Es gibt Stellen im Anschreiben, die den meisten Bewerbern am schwersten fallen. Meistens handelt es sich dabei um die Einleitung und den Schlussteil. Warum die Einleitung wichtig ist, weißt du bereits. Der Schlussteil ist aber genauso wichtig.

Nach dem Hauptteil muss das Anschreiben aber auch einen beeindruckenden Abgang haben, damit das gesamte Anschreiben überzeugt und am Ende noch mal seine volle Wirkung entfaltet. Vermeide daher auch beim Schlussteil langweilige Musterlösungen aus dem Lösungsheft. Stell dir vor, du schaust dir eine Fernsehshow oder ein Konzert an. Der Anfang ist spektakulär, du bist von der Beleuchtung und der Musik beeindruckt. Dann geht es weiter und die gesamte Show überzeugt. Und nachdem sie fast vorbei ist und du weißt, dass es gleich einen Abschluss gibt, erwartest du einen Abgang auf dem Niveau des Anfangs und des Mittelteils.

Aber anstatt die Show rund abzuschließen, bricht die Musik ab und die Künstler verlassen die Bühne ohne Worte oder mit einem trockenen Abschied, der gar nicht zum Rest passt. Wie enttäuscht wärst du? Wahrscheinlich ziemlich enttäuscht.

Ähnlich verhält es sich mit dem Anschreiben! Mit einem guten Einleitungssatz bzw. einer guten Einleitung setzt du einen vielversprechenden Anfang und untermauerst ihn anschließend mit einem überzeugenden Mittelteil voller Argumente. So sollte es am Ende noch etwas geben, das den Personalbearbeiter vollständig vom Hocker haut. Da reichen lauwarme Sätze wie "Ich hoffe, ich konnte sie überzeugen" oder "Ich würde mich freuen, wenn Sie mich kontaktieren würden" nicht aus. **Vermeide Konjunktive in einem Anschreiben von Grund auf, aber vor allen Dingen im Schlussteil!** Denn sie nehmen der Sprache die Sicherheit, die du so sorgfältig bisher aufgebaut hast.

Aber was genau gehört nun in einen guten und runden Schlussteil?

Zunächst solltest du dir die Stellenanzeige noch mal genau anschauen: Manche fordern die Bewerber explizit dazu auf, ihre Gehaltsvorstellungen zu nennen. Wenn dies der Fall ist, dann kommen diese auf jeden Fall ans Ende des Anschreibens, also in den Schlussteil. Auch wenn du in der Stellenanzeige dazu aufgefordert wirst, das nächstmögliche Einstiegsdatum zu nennen, baust du es in den Schlussteil ein.

Diese Angaben solltest du aber nur tätigen, wenn du dazu aufgefordert wirst! Ansonsten werden sie bei einem persönlichen Vorstellungsgespräch erörtert, sofern es dazu kommen sollte.

Halte den Schlussteil kurz und knapp: Er soll deine Bewerbung nicht erläutern oder ergänzen, sondern abschließen. Daher sollte er höchstens zwei bis drei Sätze beinhalten. Dafür müssen es aber sehr konkrete und klare Formulierungen sein. Du musst zusammenfassen, dass du der oder die Richtige für die ausgeschriebene Stelle bist und dass du es kaum abwarten kannst, auf ein persönliches Vorstellungsgespräch vorbeizukommen.

Viele Bewerber knicken beim Schlussteil ein und fangen an, im Konjunktiv zu schreiben, weil sie denken, dass sie dadurch bescheidener wirken, oder weil sie nicht arrogant wirken wollen. Lass die falsche Bescheidenheit, sie ist hier absolut fehl am Platz. Bleib selbstbewusst und bestätige abermals den Hauptteil, nämlich deine Eignung für deine Wunschstelle.

Die Formulierung im Konjunktiv macht auch rein sprachlich wenig Sinn: Warum **würdest** du dich freuen? Freust du dich nicht schon, wenn du eingeladen wirst? Warum hoffst du auf eine Rückmeldung? Bist du dir nicht sicher, dass du der Beste oder zumindest eine/r der Besten bist? Das sind die Fragen, die einem Personalbearbeiter durch den Kopf gehen, wenn er solche Schlussteile liest:

"Ich würde Ihnen ab dem XX.YY. zur Verfügung stehen. Meine Gehaltsvorstellung liegt bei XXXX. Ich würde mich über eine positive Rückmeldung freuen." oder "Ich würde mich über ein persönliches Kennenlernen freuen."

Diese Formulierungen klingen unterwürfig und unsicher; man könnte fast sagen, dass der Bewerber zwischen die Zeilen schreibt:

"Bitte, bitte, stellt mich ein, ich brauche diesen Job unbedingt, ich mache alles, was ihr sagt!"

Daher ist diese Ausdrucksweise nicht geeignet, wenn du eine ernstzunehmende Stelle besetzen oder selbstbewusst wahrgenommen werden möchtest.

Es ist wichtig, auch im Schlussteil ein hohes Maß an Motivation zu signalisieren. Das kannst du beispielsweise mit solchen Sätzen erreichen:

- "Ich freue mich auf ein persönliches Kennenlernen und freue mich darauf, meinen Beitrag in Ihrem Unternehmen zu leisten."

- "In einem persönlichen Gespräch überzeuge ich Sie gerne von meinen Fähigkeiten und freue mich daher auf eine positive Rückmeldung."

- "Es freut mich, wenn meine Kandidatur Ihr Interesse geweckt hat, und ich freue mich auf ein erstes Kennenlernen in einem Vorstellungsgespräch."

Diese Sätze wirken sicher und nicht zu eingebildet, da sie durchaus auf Fähigkeiten verweisen, die du im Hauptteil erläutert hast. Du solltest allerdings Sätze meiden, die keinen Bezug auf die zuvor genannten Eigenschaften und Fähigkeiten haben und einfach nur zeigen sollen, wie toll du bist. Solche Sätze erwecken einen eher arroganten Eindruck und sind eher unangebracht:

- "Ich freue mich auf ein persönliches Kennenlernen, damit ich Ihnen beweisen kann, dass ich der/die Beste bin."

- "Gerne komme ich im Laufe der Woche/in den nächsten Tagen auf ein persönliches Kennenlernen vorbei."

- "Es freut mich, dass Sie bereits von meinen Fähigkeiten überzeugt sind, und ich freue mich auf einen Neustart in Ihrem Unternehmen."

Diese Aussagen simulieren eine Sicherheit, auf die du noch keinen Anspruch hast. Der Personalbearbeiter ist eben noch nicht vollständig von deinen Fähigkeiten überzeugt, da er dich nicht kennt. Darüber hinaus bist du nicht derjenige/diejenige, der/die das Gespräch vorschlägt, das bleibt immer noch dem Personalbearbeiter überlassen. Vermeide es also, zu voreilig zu sein und dem Personalbearbeiter Worte in den Mund zu legen.

Quelle:
https://richtiggutbewerben.de/Bewerbungstipps/Bewerbungsblog/schlusssatz-bewerbung/

Gehaltsvorstellungen

Bei manchen Anschreiben oder auch in vielen Bewerbungsgesprächen wirst du gefragt, wie hoch deine Gehaltsvorstellungen sind. Vor allen Dingen kann hier falsche Bescheidenheit nach hinten losgehen: Während viele Bewerber den eigentlichen Wunschpreis minimieren, um nicht zu gierig dazustehen, erwarten Personalbearbeiter im Gegenteil eine adäquate Selbsteinschätzung.

Die Gehaltsvorstellungen, die du angibst, verraten eine Menge über dich. Vor allen Dingen wird daraus häufig geschlussfolgert, wie viel Wert du deiner Arbeitszeit selbst beimisst. Ist die Vorstellung unrealistisch niedrig oder liegt sie unter dem durchschnittlichen Gehalt auf dem entsprechenden Berufsfeld, kann das den Personalbearbeiter misstrauisch stimmen.

Eine realistische Selbsteinschätzung zeigt oftmals auch, inwiefern der Bewerber überhaupt in der Lage ist, Dinge realistisch einzuschätzen. Informiere dich vorher, wie hoch das Durchschnittsgehalt in der entsprechenden Branche ist.

Aber auch ein zu hoher Preis ist unrealistisch; Untertreibungen sind in Bewerbungen meistens genauso gravierend wie Übertreibungen. Das Problem daran ist, dass es sich dabei um eine Kippbewegung handelt. Wann ist viel zu viel und wann ist wenig zu wenig?

Bewerber, die mehrere Jahre Berufserfahrung haben, haben den Vorteil, dass sie die Gehaltsvorstellungen recht realistisch einschätzen können. Ausgehend von einem durchschnittlichen Stundenlohn o.ä. kann man relativ einfach ein vorstellbares Gehalt ausrechnen. Dieses wird dann **brutto pro Jahr** angegeben.

Schwieriger wird es für Studenten und Azubis, die sich noch nicht so wirklich einschätzen können. Hierbei ist es wirklich empfehlenswert, sich bei Anlaufstellen, Freunden, Verwandten oder im Internet auf diversen Foren zu informieren. Anhand der vorhandenen Qualifikationen kannst du ungefähr erschließen, welche Gehaltsvorstellungen realistisch sind.

Aber! Unterschätze den Wert der praktischen Berufserfahrung nicht. Egal, wie toll dein Universitätsabschluss ist – solange du grün hinter den Ohren bist, verdienst du in der Regel weniger als Menschen, die vielleicht einen niedrigeren Abschluss haben, aber dafür schon seit Jahren dabei sind.

Wenn du den Lohn ermittelt hast, den du dir in deinem Anschreiben vorstellen kannst, geht es nun darum, einen passenden Satz zu formulieren. Stelle keine Forderungen, aber "heul" auch nicht rum. Solche Aussagen sind beispielsweise eher unangebracht:

- Aufgrund meiner Qualifikationen verlange ich ein Gehalt von mindestens X Euro brutto im Jahr.

- Aufgrund meiner Qualifikationen wünsche ich mir ein Gehalt von X Euro brutto im Jahr.

Du solltest weder harsch einfordern, was noch gar nicht dir gehört, noch bist du in einem Zaubermärchen, indem du dir Dinge wünschen kannst. Bleib bei einer selbstbewussten, konkreten Sprache. Hier ein paar Beispielsätze, die du verwenden könntest:

- Meinen Fähigkeiten entsprechend halte ich ein Gehalt von X Euro brutto im Jahr für angemessen.

- In Anlehnung an meine Qualifikationen sowie Fähigkeiten auf dem Gebiet X liegt meine Gehaltsvorstellung bei X Euro brutto im Jahr.

Du solltest im Hinterkopf behalten, dass es sich bei den Gehaltsvorstellungen im Grunde genommen um eine Art

Verhandlung handelt. So ist es ratsam, im Anschreiben eine Spanne "von ... bis ..." anzugeben, wobei zwischen den zwei Angaben maximal 3000 bis 5000 Euro brutto Unterschied pro Jahr liegen sollte. Eine Angabe wie "von 30 000 bis 60 000 Euro brutto pro Jahr" wäre etwas merkwürdig und ergibt auch wenig Sinn.

Wenn du zu einem Vorstellungsgespräch eingeladen wirst und der Personalbearbeiter mit dem niedrigsten Preis anfangen sollte, kannst du versuchen, dich nach oben zu handeln. Erwähne beispielsweise Extrakosten wie Dienstwagen oder Arbeitsweg, Essenszuschuss oder Weihnachtsgeld. Die wenigsten Personalbearbeiter fühlen sich von solchen Verhandlungen angegriffen. Im Gegenteil: Wenn du dich selbstbewusst anstellst und auf deinem Wert bestehst, erzeugst du einen souveränen Eindruck, der durchaus viel wert ist.

Quelle:
https://www.staufenbiel.de/magazin/gehalt/gehaltsverhandlung/gehaltsvorstellung-formulieren.html

Motivationsschreiben

Beim Motivationsschreiben handelt es sich um ein Anschreiben, bei dem die Stellenausschreibung fehlt. Der Name kommt daher, dass der Bewerber sich aus Eigenmotivation heraus bewirbt. Diese Art von Anschreiben kann vor allen Dingen dann sinnvoll sein, wenn du ein Unternehmen im Sinn hast, das du sehr gerne magst, das aber zur Zeit keine Stellen ausgeschrieben hat.

Es ist durchaus so, dass Unternehmen manchmal Stellen zu vergeben haben, die nicht ausgeschrieben werden. So kannst du dein Glück mit einer Initiativbewerbung bzw. einem Motivationsschreiben versuchen. Da es sich nicht um eine konkrete Stelle handelt, für die eine Person gesucht wird, musst du in dem Fall noch mehr Motivation und Energie

Die perfekte Bewerbung

einbringen, um zu zeigen, wie sehr du das Unternehmen magst und warum du ausgerechnet dort gerne tätig sein möchtest.

Bei großen Unternehmen sind gut geschriebene Initiativbewerbungen häufig erfolgreich, da sie meistens die Kapazitäten und Ressourcen haben, um neue bzw. zusätzliche Stellen zu schaffen.

Die Initiativbewerbung bringt durchaus viele Vorteile mit sich, die die üblichen Probleme beim Bewerbungsprozess ersparen. So hast du beispielsweise kaum Konkurrenz, da keine Stelle ausgeschrieben ist. Keine Stelle – keine Konkurrenz, so einfach! Und auch wenn keine passende Stelle zum Bewerbungszeitpunkt frei ist, behalten Unternehmen häufig gute Bewerbungen, um sich zu melden, wenn eine passende Stelle frei wird.

Zudem musst du dich nicht an klare Anforderungsprofile und Angaben halten und kannst die Akzente bei deinen Kompetenzen selber setzen. So erscheint deine Bewerbung individueller und autonomer. Auch die Eigeninitiative und die Motivation, die hinter solchen Bewerbungen steckt, wird oftmals hoch geschätzt.

Gerade bei einer Initiativbewerbung ist es wichtig, sich ausführlich über das Unternehmen zu informieren – denn diese Informationen sind ja im Prinzip die Motivation für die Initiativbewerbung. Daher sollten sie überzeugend sein und nicht überzogen wirken. Folgende Fragen über das Unternehmen solltest du ohne zu überlegen beantworten können:

- In welcher Branche ist das Unternehmen tätig?
- Wie groß ist der Betrieb und wie viele Mitarbeiter beschäftigt das Unternehmen?
- Welche Unternehmensphilosophie wird der Öffentlichkeit vermittelt?

- Welche Erfahrungen verbindest du mit dem Unternehmen?
- Was kannst du anhand deiner Kompetenzen zum Betrieb beitragen?

Wenn du all diese Fragen zufriedenstellend beantworten kannst, kannst du zum praktischen Teil des Motivationsschreibens übergehen.

Eigentlich ähnelt die Initiativbewerbung einer Bewerbung auf eine Stelle in den wesentlichen Punkten. Der strukturelle Aufbau ist gleich und auch die Informationen werden ähnlich sein. Es gibt jedoch ein paar entscheidende Unterschiede.

- Du solltest bereits in der Betreffzeile deutlich machen, dass es sich um eine **Initiativ**bewerbung handelt. Da keine Stelle ausgeschrieben ist, wird es mit der Formulierung "Initiativbewerbung als …" etwas schwierig, du kannst dir aber etwas einfallen lassen. Im schlimmsten Fall bekommst du ein Gegenangebot oder eine andere Stelle. Du kannst dich alternativ für eine Abteilung bewerben, also beispielsweise "Initiativbewerbung für die Abteilung 'Finanzen'" o.ä.

- Hierbei ist der Unternehmensbezug sehr entscheidend. Während er bei ausgeschriebenen Stellen womöglich sogar überlesen wird oder zumindest eine zweitrangige Rolle spielen kann, da es ein konkretes Anforderungsprofil gibt, so interessiert in diesem Fall der Anlass für die Motivation. Daher sollte deutlich werden, warum du dich ausgerechnet für dieses Unternehmen entschieden hast.

Ansonsten kannst du dich an den Vorgaben für eine reguläre Bewerbung orientieren.

Tatsächlich haben viele Menschen in Deutschland Schwierigkeiten mit Initiativbewerbungen. Laut einer Umfrage von YouGov fällt es ca. 44 % der Bewerber schwer, ein Motivationsschreiben zu verfassen.

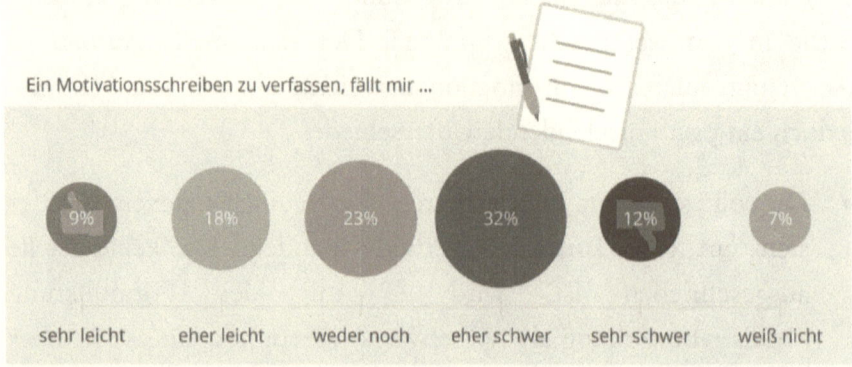

https://de.statista.com/infografik/14566/einstellung-zum-motivationsschreiben/

Das ist ungünstig, denn ca. 80 % aller Stellen werden vergeben, ohne dass sie ausgeschrieben werden. Das heißt, dass ein Motivationsschreiben neue Türen öffnen kann und daher genutzt werden sollte. Denn so viel schwerer ist die Erstellung eines Motivationsschreibens im Vergleich zu einem normalen Bewerbungsverfahren nicht.

Quelle:

https://www.die-bewerbungsschreiber.de/initiativbewerbung

Erstellung und Überprüfung aller Unterlagen

Das Bewerbungsfoto ist gemacht, der Lebenslauf erstellt und das Anschreiben verfasst. Alles erledigt? Fast! Eine Überprüfung am Ende ist immer sinnvoll, um mögliche Fehler zu entdecken und Optimierungen vorzunehmen. In diesem Teil gehen wir nochmal typische Fehler durch, die Bewerbern bei der Erstellung der Unterlagen passieren. Zudem zeige ich dir Methoden, wie du deine Bewerbung auf Fehler überprüfen kannst und ein sauberes Proofreading durchführst.

Typische Fehler auf einen Blick: Lebenslauf

1. Überprüfe noch mal sorgfältig deine Kontaktdaten!

   Ein kleiner Fehler in der Telefonnummer oder in der E-Mail-Adresse kann dazu führen, dass der Personalbearbeiter dich nicht erreichen kann. Auch eine unseriös wirkende E-Mail-Adresse kann dazu führen, dass der Personalbearbeiter sich nicht bei dir meldet.

2. Unübersichtliches Layout

   Wenn der Lebenslauf unübersichtlich ist oder die Struktur nicht direkt deutlich erkennbar ist, kann es dazu führen, dass er nicht weiter betrachtet wird. Daher sollte der Lebenslauf von vornherein einen ordentlichen und strukturierten Eindruck machen.

3. Lücken im Lebenslauf

   Große Abstände zwischen den Arbeitsstellen oder unvollständige Angaben sorgen für Lücken im Lebenslauf, die wiederum für Fragen bei den Personalbearbeitern sorgen. Die Lücken, die dadurch entstehen, dass die Daten nicht sorgfältig eingetragen wurden, sollten unbedingt kontrolliert werden.

4. Irrelevante Angaben

   Wie bereits erwähnt, solltest du vor dem Absenden noch mal überprüfen, ob alle Angaben im Lebenslauf wirklich relevant sind und welche du zugunsten der Übersichtlichkeit weglassen kannst. Hier zählt: Klasse statt Masse!

5. Lügen und Übertreibungen

   Lügen im Lebenslauf können zu einem Kündigungsgrund werden oder sogar zu einem strafrechtlichen Verfahren führen. Überlege also lieber zwanzigmal, bevor du eine Unwahrheit oder Übertreibung in deinen Lebenslauf einbaust und sie unterschreibst, was das Dokument automatisch offiziell macht.

6. Tipp- und Rechtschreibfehler

   Solche Flüchtigkeitsfehler können einem unterlaufen, sollten sie aber gerade beim Lebenslauf nicht. Du solltest den Lebenslauf daher vor dem Absenden sorgfältig und Wort für Wort durchlesen.

7. Unstimmigkeiten zwischen Online und Offline

   Wenn auf deinem Lebenslauf etwas steht, das sich bei Online-Backgroundchecks als falsch oder nicht ganz richtig entlarvt, dann ist die Stelle meistens futsch. Daher solltest du, bevor du dich auf eine Stelle im Unternehmen deiner Wahl bewirbst, deinen Online-Auftritt etwas abchecken und womöglich optimieren.

Quellen:

https://www.squeaker.net/de/Karriere/Bewerbung/Lebenslauf/10-Lebenslauf-Fehler

https://www.merkur.de/leben/karriere/typische-fehler-lebenslauf-zr-9570140.html

Wenn man einen Text zu häufig gelesen hat, wird man manchmal blind für eigene Fehler. Daher sollte man den Text einer anderen Person zum Lesen geben; so fallen die Fehler häufig schneller und zuverlässiger auf.

Typische Fehler auf einen Blick: Anschreiben

1. Sei kein Papagei

   Plapper nicht einfach alles nach, was in deinem Lebenslauf steht. Du sollst nicht noch mal chronologisch in Textform wiedergeben, was du nach der Schule gemacht hast, sondern dich auf deine wichtigsten Qualifikationen und Fähigkeiten konzentrieren.

2. So what?

   Kein Bezug zum Unternehmen, kein Bezug zur Stellenausschreibung. Da kommt nur eine Frage auf: und nun? Was soll das einem Personalbearbeiter sagen? Frag dich immer, ob das Argument, das du zu deinen Gunsten bringst, auch tatsächlich etwas mit dem Anforderungsprofil zu tun hat.

3. Ich, ich, ich!

   Zu viel Ich-Form wirkt egozentrisch und irgendwie selbstverliebt. Natürlich sind Ich-Sätze wichtig, aber es sollten auch andere Satzanfänge vorhanden sein, um etwas Fluss und Spannung in den Text reinzubringen.

4. Erzählen, nicht aufzählen

   Auch die bloße Aufzählung von sämtlichen Fähigkeiten führt zu nichts. Du sollst schließlich nicht nacherzählen, was du alles kannst, sondern was wichtig ist. Wenn du beispielsweise besonders gute Excel-Kenntnisse hast, reicht es nicht aus, es einfach zu erwähnen. Erkläre, am besten mit einem Beispiel, warum es relevant ist und welchen Nutzen es für das Unternehmen hat.

5. Alles und nichts

   Wer sich nicht auf das Wesentliche fokussieren kann, elend lange Sätze formuliert und immer um den heißen Brei herumredet, sagt alles und nichts. Konzentriere dich! Schließlich erzählst du in einer mündlichen Prüfung auch nicht, wie nett es ist, samstags häkeln zu gehen.

6. Rechtschreibfehler

   Rechtschreib- und Grammatikfehler sind ein No-Go und disqualifizieren sofort. Auch hier solltest du sorgfältig Korrekturlesen und andere lesen lassen, um mögliche Fehler zu entdecken.

7. Mit wem redest du eigentlich?

   Erschaffe eine direkte Ansprache in deiner Bewerbung, sie ist schließlich kein Selbstzweck. Wen möchtest du überzeugen? Den Personalbearbeiter! Mit wem sprichst du also durch den Text? Mit dem Personalbearbeiter. Vergiss das nicht! Du erstellst kein Dating-Profil, sondern bewirbst dich auf eine Arbeitsstelle.

Quelle: http://www.bewerbung-forum.de/anschreiben.html

Korrekturlesen nicht vergessen!

Egal, wie sicher du dich mit deiner Sprache fühlst, und auch wenn du der Duden höchstpersönlich bist: Du solltest deine Texte noch mal genau lesen und nach Fehlern Ausschau halten. Flüchtigkeitsfehler, Tippfehler, Rechtschreibfehler, Interpunktionsfehler, Grammatikfehler – es gibt genug Quellen, um ein paar Fehler einzusammeln. In diesem Abschnitt widmen wir uns daher dem Korrekturlesen.

Inhalte spielen dabei keine Rolle, es geht um rein sprachliche Fehler. Auch Ausdrucksfehler, Redundanz und unverständliche Formulierungen gehören unter die Lupe. Zunächst gehen wir einige Fehler durch, die die meisten im Alltag machen und so gut wie nie verbessern.

1. Seit/seid

    Manche kennen die Regeln, manche gehen nach dem Zufallsprinzip. Im Alltag ist es nicht sonderlich schlimm, auch wenn falsche Rechtschreibung im Alltag nicht wirklich vorteilhaft ist. In einer Bewerbung ist sie jedoch von großer Bedeutung. Daher merk dir:

    Seit ist eine Präposition, sie bedeutet so viel wie "etwas hat an einem bestimmten Zeitpunkt angefangen und geht immer noch weiter oder hat schon aufgehört". Seit mit t hat also offensichtlich etwas mit Zeit zu tun. Du kannst überprüfen, ob seit mit t an der Stelle, an der es steht, richtig ist, indem du nach dem "Seit wann?" fragst. Wenn die Antwort keinen Sinn ergibt, ist "seit" an dieser Stelle falsch und sollte durch ein "seid" ersetzt werden.

    Seid ist die 2. Person Plural von 'sein' und steht für "Ihr seid doch alle bescheuert". Wenn neben dem 'seid' kein 'ihr' zu finden ist und es auf die Frage "Seit wann?" eine sinnvolle Antwort bietet, dann sollte es an der Stelle durch ein "seit" ersetzt werden.

2. Das/dass

   Das ist ein Artikel und steht für "das Buch", "das Kind" etc. **Das** kann aber auch ein Relativpronomen sein und für "das Kind, das auf der Schaukel sitzt" stehen. Lässt sich ein "das" durch "welches" ersetzen, ist es an der Stelle richtig.

   Sofern es nicht der Fall ist, handelt es sich sehr wahrscheinlich um ein "dass". **Dass** ist nämlich eine Konjunktion, die einen Nebensatz einleitet. Sie steht für "Ich weiß, dass…", "Ich denke, dass.." etc. Lässt sie sich nicht durch "welches" ersetzen, dann ist sie an der Stelle falsch.

3. Klein oder groß?

   Groß sind im Deutschen ausschließlich Substantive und Satzanfänge. Alles, wovor ein Artikel steht, ist in der Regel ein Substantiv oder ein substantiviertes Verb. Es handelt sich also um "das **B**acken", aber "wir **b**acken einen Kuchen".

   Klein geschrieben wird im Deutschen so gut wie alles andere. Achtung: Der erste Satz im Anschreiben wird klein angefangen, da der eigentliche Anfang die Ansprache ist!

4. Komma: ja oder nein, und wenn ja, wie viele?

   Kommasetzung im Deutschen ist eine Kunst für sich. Grundsätzlich wird ein Komma in drei Fällen gesetzt:

   Satzgefüge: besteht aus mindestens einem Hauptsatz und mindestens einem Nebensatz, dazwischen befindet sich ein

Komma. Der Nebensatz sollte mit einer Konjunktion oder einem Relativpronomen anfangen.

Satzreihe: besteht aus zwei oder mehreren Hauptsätzen. Zwischen den jeweiligen Sätzen wird dann ein Komma gesetzt.

Einschub: liegt vor, wenn ein Substantiv näher erläutert wird. Ergänzende Informationen werden dann zwischen zwei Kommata direkt nach dem Bezugssubjekt gesetzt.

5. Zusammen oder auseinander?

Hier werde ich keine Regeln anführen, sondern nur eine Liste von richtigen Schreibweisen einfügen, die häufig falsch geschrieben werden.

- zur Zeit
- gar nicht
- schon mal
- einmal
- ein paar Mal
- bei Weitem

Hier sind natürlich längst nicht alle Fehlerquellen benannt, die auftreten können. Daher ist es wichtig, dass du bei Unsicherheiten noch mal nachschaust, ob die Schreibweise, die du verwendest, korrekt ist.

Wenn Grammatik und Rechtschreibung nicht deine Stärke sind, solltest du die Bewerbung von kompetenten Freunden, Kollegen, Verwandten oder einem professionellen Lektor überprüfen lassen. Denn bereits die kleinsten Fehler können die größten Schäden verursachen.

Folgende Tipps können dir dabei helfen, mögliche Fehler in deinen Bewerbungsunterlagen zu entdecken:

- Lies den Text laut vor. Dabei ist man häufig konzentrierter und überfliegt nicht ganz so viele Wörter, sodass die Fehler eher auffallen als beim stillen Lesen.

- Nutze die Autokorrektur, um dir Fehler anzeigen zu lassen. Meistens ist sie bei den gängigen Schreibprogrammen sowieso stets aktiv.

- Konzentriere dich. Schalte alle Störquellen aus und bitte Menschen, die dich möglicherweise stören könnten, dich für eine Weile nicht abzulenken. Unaufmerksamkeit ist meistens Grund Nummer 1 für die meisten Tipp- und Flüchtigkeitsfehler.

- Druck den Text aus. Wenn du den Text auf dem Bildschirm liest, ist die Konzentration eine andere, als wenn du dir den Text analog durchliest.

- Blende die Bedeutung des Textes aus und achte nicht auf den Inhalt. Das lenkt nur vom Wesentlichen ab und du liest die Fehler mit, ohne sie zu bemerken. Das erfordert aber tatsächlich Übung.

- Du kannst den Text Wort für Wort rückwärts lesen, um den Inhalt besser ausblenden zu können und mögliche Fehler nicht zu übersehen.

- Verändere vorübergehend die Schriftart, um eine neue Perspektive auf den Text zu bekommen. Du kannst die Schrift verkleinern oder vergrößern, die Schriftart oder die Formatierung ändern.

Quelle: https://karrierebibel.de/korrekturlesen/

Fiese Fragen, die Personalbearbeiter gerne stellen

In einem Bewerbungsgespräch wird der Bewerber meistens sehr präzise aufs Korn genommen. Dazu gehören Fangfragen, die zu kreativen Antworten anregen sollen und testen, ob der Bewerber in der Lage ist, alternativ zu denken oder Sinn für Humor hat. Solche Soft Skills gehören häufig zu Qualitäten, die hochgeschätzt werden. Hier stelle ich einige Fallen vor, auf die du dich zumindest mental vorbereiten kannst.

1. Dass eine Frage nach den Schwächen gestellt wird, ist ein Klassiker. Aber manchmal kommen Fragen wie "Nenne mir fünf deiner Schwächen" oder "Welche zehn deiner Schwächen kannst du nennen?". Das sind doch recht viele Schwächen, sodass die zwei, drei vorher zurechtgelegte Antworten nicht ausreichen. Was tun? Lass dich nicht aus dem Konzept bringen! Fahre mit deinem Programm fort und nenne diejenigen Schwächen, die dir einfallen. Den Rest kannst du mit einer humorvollen Antwort ausgleichen, indem du beispielsweise sagst "Mehr habe ich heute nicht dabei" oder "Die Restlichen habe ich heute zu Hause gelassen". Das macht dich sympathisch, lockert die Stimmung auf und zeigt, dass du dich nicht ohne Weiteres verunsichern lässt. Genau darauf zielen solche Fragen ab.

2. Fragen, die sich nicht auf Anhieb beantworten lassen, sollten ebenso deine kreative Ader anregen. Dabei kann es sich um Fragen wie "Was kann man mit einem Luftballon machen?" oder "Wie viele Bälle passen in einen Schulbus rein?" handeln. Die Fragen überprüfen, wie du mit Herausforderungen umgehst. Du kannst

die Frage dabei potentiell nicht falsch beantworten, es geht praktisch nur um deine Denkweise. Wenn du auf die Frage mit den Bällen mit "nicht genug" oder "zu viele" antwortest, hast du eine Antwort gegeben, die humorvoll angehaucht ist. Weitere Witze kannst du dir vor Ort einfallen lassen, sofern ein solcher Test stattfinden sollte.

3. Ebenso kann dich ein Personalbearbeiter mit recht persönlichen Fragen konfrontieren. Es könnte die Frage nach deiner Studienfinanzierung sein oder wie du mit Problemen umgehst. Beantworte solche Fragen am besten konstruktiv und lege dar, was deine Methode wäre. Das kannst du natürlich auf deine ganz eigene Art und Weise machen, falsch wären nur Antworten wie "Ich bin meistens überfordert" oder "Ich weiß in der Regel nicht, was ich tun soll". Panische und angstanfällige Mitarbeiter werden meistens nicht gesucht.

4. Auf die Frage, was dich an dem Bewerbungsgespräch überrascht hat, gibt es auch unterschiedliche Antworten. Wenn dein Gegenüber dich fragt, welche Frage dich im gesamten Gespräch am meisten überrascht hat, kannst du eine der zuvor erwähnten Fangfragen zitieren, falls sie vorgekommen sein sollten, oder sagen, dass gerade diese Frage dich überrascht. Eine ebenso souveräne Strategie ist die Antwort, dass du sehr gut vorbereitet warst und daher keine Überraschungen feststellen konntest.

5. Häufig wird man gefragt, wieso man die aktuelle Arbeitsstelle wechseln möchte. Regel Nr. 1: Beantworte die Frage so sachlich wie möglich! Sobald du anfängst, über deine aktuelle Arbeitsstelle, Arbeitskollegen oder den Chef zu lästern, bist du meistens durchgefallen. Denn kein Unternehmen möchte jähzornige, nachtragende Mitarbeiter einstellen, die über ihren

eigenen Arbeitgeber lästern – auch wenn es objektive Gründe dafür gibt.

6. Wenn du nach deinen Freizeitaktivitäten gefragt wirst, solltest du nicht sagen, dass du gerne Party machst. Mit Freunden ausgehen, Sport machen etc. – das klingt schon viel besser. Halte dich dabei kurz und präsentiere dich wie eine Person, die mehr kann als nur arbeiten. Einer der größten Fehler ist es, zu sagen, dass du gerne arbeitest. Workaholics sind häufig für das Burn-Out-Syndrom anfällig und sind zudem oftmals sozial nicht sonderlich flexibel.

Quellen:

https://news.kununu.com/5-fiese-fangfragen-im-bewerbungsgespraech/

https://bewerbung.com/vorstellungsgespraech-fragen/

Nicht nur der Personalbearbeiter darf Fragen stellen. Auch du darfst und solltest bei Unklarheiten nachfragen oder auch Eigeninitiative zeigen und Punkte ansprechen, die für dich wichtig sind. Du kannst dir bereits vor dem Vorstellungsgespräch einige Fragen zurechtlegen, die dich am Unternehmen interessieren. Schließlich ist ein Bewerbungsgespräch keine Zeugenbefragung und kein soziales Experiment. Je besser du es schaffst, mit dem Personalbearbeiter in ein authentisches Gespräch zu kommen, desto mehr Sympathiepunkte wirst du damit sammeln.

Allgemeine Erscheinung beim Bewerbungsgespräch

Natürlich gibt es ein paar wichtige Aspekte, die du beachten solltest, falls du zu einem persönlichen Kennenlernen eingeladen wirst. Abgesehen von einer angebrachten Kleidungsform, einem schlichten

Make-up und einer Bewerbungsmappe, die du idealerweise dabei hast, solltest du noch auf folgende Faktoren achten:

- **Körperhaltung**: Halte deinen Rücken gerade, richte deinen Blick nicht nach unten, sondern auf Augenhöhe mit dem Personalbearbeiter. Halte dabei möglichst viel Augenkontakt, ohne dem Gegenüber ununterbrochen in die Augen zu starren. Am besten konzentrierst du dich auf den Bereich zwischen den Augenbrauen. Verschränke nicht deine Arme, bleib locker, aber halte dich dennoch an gewisse Regeln. Männer sollten beide Füße auf dem Boden stehen lassen, Frauen können die Beine verschränken, sollten die Füße aber auch eher nebeneinander stehen lassen. Die Hände hältst du am besten oberhalb des Tisches, falls es einen Tisch gibt.

- **Kaugummi** und sonstiges Brimborium in der Mundgegend ist bei einem Bewerbungsgespräch ein No-Go. Wenn du deinen Atem erfrischen möchtest, solltest du es vor dem Gespräch tun, aber nicht währenddessen.

- Bei der Begrüßung solltest du den Händedruck nicht zu schwach und nicht zu stark ausfallen lassen. Eine schlaffe Hand wirkt so, als hättest du nicht genug geschlafen oder wärst sehr unsicher. Ein zu fester Händedruck könnte einen gegenteiligen Eindruck vermitteln; so wirkst du eher aggressiv bzw. so, als hättest du dich nicht ganz unter Kontrolle.

Fazit

Wenn du diesen Bewerbungsratgeber aufmerksam gelesen hast, weißt du nun alles, was du im Wesentlichen brauchst, um den Bewerbungsprozess in aller Ruhe hinter dich zu bringen. Befolge einfach alle Schritte und entwickle einen Blick fürs Detail. Diese Fähigkeit wird dich dein Leben lang im Beruf begleiten. Mitarbeiter mit einem Blick fürs Detail werden hoch geschätzt und häufiger befördert.

Dabei solltest du die Nervosität und die Ängste, die du womöglich mit dem ganzen Prozedere verbindest, nach und nach abbauen. Behalte im Hinterkopf, dass Personalbearbeiter auch Menschen sind und dir grundsätzlich nichts Böses wollen. Deine Aufgabe ist es, einen Zugang zu deinem Gegenüber zu finden und in ein interessantes Gespräch zu kommen. Je nachdem, in welchem Berufsfeld du arbeiten möchtest, wird diese Fähigkeit sowieso eine große Rolle spielen.

Andererseits solltest du bedenken, dass nicht nur du auf den Job angewiesen bist, sondern auch die Unternehmen auf neue Bewerber. Immer häufiger hört man heutzutage von einem Fachkräftemangel, einem Rückgang von Bewerbungen usw. Warum sollte ein Unternehmen dir gegenüber also böswillig sein und alles tun, um dich nicht einzustellen?

Was du mit auf den Weg nehmen solltest, ist Folgendes: Die meisten Menschen in Deutschland schreiben sehr ungern Initiativbewerbungen und die meisten Stellen, die in Unternehmen begehrt werden, werden nicht auf job24 ausgeschrieben. Es wird Engagement und Eigenmotivation erwartet. Also nutze die Chance und bewirb dich auf gut Glück, wenn du keine passende Stelle finden solltest. Auch bei Praktika für die Universität oder

Ausbildungsplätzen werden die meisten Angebote nicht ausgeschrieben.

In manchen Betrieben ist es so, dass vieles an Seilschaften hängt. Es geht also darum, Kontakte zu knüpfen und sich sympathisch zu machen. Auf diese Weise kannst du die Karriereleiter besteigen und zu deiner Wunschstelle gelangen, sollte diese weit oben sein.

Sammle während deiner Ausbildung oder während des Studiums so viele Erfahrungen wie möglich, um sie in einer Bewerbung vorteilhaft darstellen zu können. Die Noten sind zwar wichtig, aber sie sind nicht der einzige Faktor und schon lange nicht mehr entscheidend. Eigene Projekte, ehrenamtliches Engagement und vergleichbare Tätigkeiten können Noten ausgleichen und fette Pluspunkte einbringen.

Eigentlich ist es bei einem Bewerbungsprozess entscheidend, dem gesunden Menschenverstand zu folgen und sich nicht zu sehr einschüchtern zu lassen. Gerade, wenn du noch nicht so viele Erfahrungen im Berufsleben gesammelt hast, solltest du wissen, dass es nur der Anfang ist und die richtigen Herausforderungen nach dem Bewerbungsgespräch kommen. Wenn du bereits einige Erfahrungen sammeln konntest, dann weißt du es womöglich schon. Umso weniger Sorgen solltest du dir machen.

Es ist tatsächlich um einiges produktiver, den Bewerbungsprozess als eine Art Türöffner zu sehen, als einen Neustart und als den Anfang von einer neuen Herausforderung. Wenn du diesen Gedanken verinnerlichst, wird der Personalbearbeiter es ebenso merken. Der Kampfgeist zeigt sich nicht nur in dem, was du sagst, sondern auch darin, wie du auftrittst und wie du dich optisch präsentierst.

Alle Mängel, die bei einem Bewerbungsgespräch nachteilig wirken können, sind optimierbar. Und wenn du merkst, dass du dich rundum verstellen musst, um in den Job zu kommen, dann solltest du dich fragen, ob der Job das Richtige für dich ist. Du verstellst dich nämlich nicht für ein Gespräch, sondern für die Dauer, in der du im entsprechenden Unternehmen arbeitest.

Merke dir: Jeder Topf findet einen Deckel und jeder Mensch findet eine Arbeit, in der er sich gut zurechtfinden kann – man muss nur wissen, wo man sucht. Viel Erfolg!

Zuletzt erhältst du von uns als kleines Dankeschön ein kostenloses vorgefertigtes Notiz-Formular, was du perfekt für dein Vorstellungsgespräch benutzen kannst. Besuche dazu bitte die Seite https://www.die-bewerbungsexperten.net und folge den Anweisungen.

Empfehlungen

Solltest du zu den Menschen gehören, die sich detailliertes Wissen für das kommende Vorstellungsgespräch aneignen möchtest, dann könnte ebenso für dich der folgende Bestseller von uns interessant sein:

https://www.amazon.de/dp/B07L2F4ZX9

Den Ratgeber findest du auf Amazon unter dem Link, direkt unter dem Buchcover oder durch Eingabe des Buchtitels:,,das Vorstellungsgespräch" im Amazon Suchfeld.

Haftungsausschluss

Der Inhalt dieses E-Books wurde mit großer Sorgfalt geprüft und erstellt. Für die Vollständigkeit, Richtigkeit und Aktualität der Inhalte kann jedoch keine Garantie oder Gewähr übernommen werden. Der Inhalt dieses E-Books repräsentiert die persönliche Erfahrung und Meinung des Autors und dient nur dem Unterhaltungszweck. Es wird keine juristische Verantwortung oder Haftung für Schäden übernommen, die durch kontraproduktive Ausübung oder durch Fehler des Lesers entstehen. Es kann auch keine Garantie für Erfolg übernommen werden. Der Autor übernimmt daher keine Verantwortung für das Nicht-Erreichen der im Buch beschriebenen Ziele. Dieses E-Book enthält Links zu anderen Webseiten. Auf den Inhalt dieser Webseiten haben wir keinen Einfluss. Deshalb kann auf diesen Inhalt auch kein Gewähr übernommen werden. Für die Inhalte der verlinkten Seiten ist daher der jeweilige Anbieter oder Betreiber der Seite verantwortlich. Rechtswidrige Inhalte konnten zum Zeitpunkt der Verlinkung nicht festgestellt werden.

Impressum

Dennis Walter
Koblenzer Straße 2
56759 Kaisersesch
dw312@web.de
1.Auflage 2019

Copyright © 2019 Dennis Walter All rights reserved.

Das Werk, einschließlich seiner Teile, ist urheberrechtlich geschützt. Jede Verwertung ist ohne Zustimmung des Verlages und des Autors unzulässig. Dies gilt insbesondere für die elektronische oder sonstige Vervielfältigung, Übersetzung, Verbreitung und öffentliche Zugänglichmachung.

Wer gegen das Urheberrecht verstößt (z.B. Bilder oder Texte unerlaubt kopiert), macht sich gem. §§ 106 ff UrhG strafbar, wird zudem kostenpflichtig abgemahnt und muss Schadensersatz leisten (§ 97UrhG).

www.ingramcontent.com/pod-product-compliance
Lightning Source LLC
Chambersburg PA
CBHW030014190526
45157CB00016B/2705